60歳からは「自分ファースト」で生きる。

はじめに

皆さん、充実した人生をお送りですか。
人生100年の時代といわれていますが、
健康で、自由に、楽しく、自分らしく生きられるのは
あと何年でしょう？　10年？　20年？　もしかしたら3年かも。
先のことは誰にもわかりません。
だからこそ、これからの人生、「自分を最優先」にしましょう。
でも、自分勝手とは違います。

私は今年、年金をもらえる歳になりました。
自営業なのでわずかな年金(月6万円ぐらい)ですが。
もちろん、まだまだ働くつもりです。
そして、ガンガン遊ぶつもりです。
子育ても終わり、やっと自分の時間が手に入ったんですもの。

前向きになった自分に立ちはだかる敵もいます。
「イイワケくん」です。「イイワケくん」の口ぐせは
「でも……どうせ……めんどくさい……また今度……」
「イイワケくん」は、できない言い訳と、
へ理屈を考える天才です。

「イイワケくん」はカビのようなものです。
散らかった、換気の悪い、暗く、密閉された心に
じわじわとはびこります。

カビ退治には、「ヤルキちゃん」しかいません。
「ヤルキちゃん」が本来の自分の姿です。

子供の頃を思い出してください。
好奇心旺盛で、周りの大人を質問攻めにし
じっとしていられなかった頃を。

私はそんな子供ではなかった、という人は
無理矢理にでも、自分の中に作ってください。
もう一度言います。
健康で、自由に、楽しく、自分らしく
生きられるのはあと何年？
10年？　20年？　もしかしたら3年かも。
先のことは誰にもわかりません。

「なりたい自分」「楽しむ自分」を想像しましょう。
「心も生活も経済も自立」しましょう。
「自分のために、お金と時間を使い」ましょう。

もし「イイワケくん」が
「めんどくさいなあ……」と
つぶやいてきたら

力ずくで、文脈無視で、言葉を換えます。
ここは、口に出して、はっきり、言いましょう！

「よっしゃ、一丁やるか！」

変人と思われても、強引に言ってみると
何だか、前向きになれますよ！

限りある人生
「自分を最優先」にしましょう。

「自分ファースト宣言」です。

高らかに宣言しましょう。

自分の人生の時間
自分で決めたい…
できるよ
いまさら

1章

マインドを変える

「当たり前」を変えましょう。

長い間生きているうちに
私たちは大人になるにつれ
「当たり前という常識」を身につけていきます。
どう振る舞えば嫌われないか、
バカにされないかと考えて、
行動するようになります。
「当たり前」を疑ってみましょう。
「当たり前」に振り回されて
「自分」がどこかに
追いやられているのかも。

「当たり前という常識」は
「垢《あか》」に似ています。
「垢」は、知らず知らずのうちに

常識だし
当然
当たり前さ
普通は
昭和の時代から
更新していないかも…
それって
誰の いつの
「当たり前」？

凝り固まってきます。
凝り固まった結果、
思考停止した状態で、
少しも疑問に思わず行動しています。

「思考に溜った垢」を洗ってみましょう。

それって「自分ファースト」じゃない！
と思ったら、あっさり捨てましょう。

「よし、一丁
当たり前を疑ってみるか！」

「自分の幸せ」は自分で決める

私たちは、不安の中で生きています。

もっとお金があれば……
仕事で結果を出せば……
あの時、ああすれば
今より幸せになれたはず……と
考えることがあります。
しかし、ないものねだりしていたのでは
「幸せ」はどんどん遠ざかっていきます。

私たちにできることは、
この瞬間、今を生きることに集中することです。
そして「幸せと感じる瞬間」を見つけましょう。
気づきと感謝があれば
「幸せ」はあなたの隣にあります。

幸せって 10億円の 貯金があって 安定した 会社の 楽しい仕事。 彼氏がいて それから、、、
欲ばりには 幸せは 来ないよ
幸せは どこに あるの？

「幸福」は幸せを感じる心の積み重ね

家族、仕事、財産、
人と比べていては、永久に幸せは訪れません
今、健康に過ごせて
好きな美味しいものを食べられて
温かいお風呂に浸かれるって、
結構幸せです
幸せを感じるアンテナを伸ばしましょう

「元を取らなきゃ精神」を卒業する

3時間3000円で食べ放題のお店があったとします。
好きなものを必要な分だけ食べればいいのですが、
「元を取らなきゃ！」という感情がはたらいて、
食べ過ぎで、気持ち悪くなってしまうと
いったことはありませんか。
恥ずかしい話ですが、私はよくあります。

自分が損をしたくないという気持ちは、
得よりも損に強く反応する、という
「損失回避性」という心理作用です。

「損したくない、元を取らなきゃ」
という気持ちが先行して
本来の「自分が何を望んでいたのか」が
二の次になってしまう。
これって、本末転倒ではないでしょうか。

4万円もお得だからそっちでしょう
どっちにしようかな
値段に関係なく考えてみて
¥15000
¥50000
¥10000

損したくなくて損することが多いんです

計算しながらの食べ放題
原価率が優先
本当に食事を楽しめてますか？
宝くじ、ギャンブル
元取ったら
やめるから
つぎ込んだお金は返ってきましたか？
まずかったら損だからっていつものメニューしか注文しない
無難なもの一択
損しない代わりに発見もありません
ついつい買い過ぎるセール品
ゲット
セール
全部消費できますか
損得はおいといて
私は何をしたかったのか……

「見栄とプライド」を捨てる

人生は思い描いた通りにはいかないことが多々あります。
決断をするときに、とても邪魔になってしまうことがあります。
見栄やプライドです。
見栄やプライドは、本来の自分がするべき
決断を邪魔してきます。
「周囲から、落ちぶれたと思われるのでは……」
「これぐらいできないと、恥ずかしい」
他者の心をあれこれ考えても、無駄です。
「見栄を捨てる」というのは、
他者からの圧力や期待に縛られず、
自分が本当に望むことを追求することです。
それは「自分の世界に生きる」ことです。
「他人からこう思ってもらおう」という気持ちは一切捨てる。
それが心の平穏を保つ秘訣です。

自分に対するプライドだけあればいい

自分に対するプライドとは、「自分はまだやれる」という、自己に対する信頼感、自らの可能性を信じる気持ちです
こんなことで私は負けない
他人との関係性で優位に立ちたいという見栄のプライドは
最新のバッグです
役に立つどころか
自分から謝るのはプライドが許さない
間違った判断のもとになります
つらい…
だいじょうぶ…
困ったことあるんじゃないの？
つらいときは、プライドを捨て助けを求めてもいいんです
助けて
どうしたの？

自分の悩みなんて小さい小さい

楽観主義でいく

人は悩みを持つものです。
悩みや不安のない人生はありません。

楽観主義でいきましょう。

戦前の日本人の平均寿命は
50歳を下回っていました。
ここまで生きたら、御の字。
あとは「ご褒美」みたいなもんです。
どれだけ楽しく、元気に
生きられるかだけを考えましょう。

もちろん「自分ファースト」で。

誰にも文句は言わせません。
山から下りると楽観的になる

なるようになるさ

私

「おしゃれ」をする

おしゃれは、若い人の特権ではありません。

いくつになっても「おしゃれ心」を
捨ててはいけません。
おしゃれをすることで、自分に自信を持ったり、
自分らしさを表現することができます。

おしゃれをしたら、外出が楽しくなります。
自分が楽しめることが増えるかもしれません。

今は、ブランド品でなくとも、
安価で個性的な商品が溢れています。
フリマアプリでも、格安で洋服が探せます。
「似合わなかったわ」と思っても、
こんどはフリマで処分すればいいんです。

楽しもうよ
おしゃれ
いいね
おしゃれしたいけど・・・
お金もないし
おばさんだし
太ってるし
ムリじゃん

真似っこして「センス」を磨く

お手本を探す。できれば、体型、年代の近い人を
いつもすてき
テレビ、雑誌、インスタ、動画サイトお友だちからも
素敵と思うファッションをスクラップ
似たようなもので真似してみる
ブランド品じゃなくてもいいんです
もちろん同じにはなりませんが
しまむら
GU
イオン
いいじゃん
楽しくセンスが磨かれます
肌が明るく見える色をえらんで

きれいな色をまとおう

あなたのクローゼットは、
どんな色合いですか？
枯葉色のグラデーション？
お葬式の垂れ幕のように白黒だけ？

年齢を重ねてくると
顔色がくすんできます。

だからこそ、
くすんだような色の服は避けましょう。

顔色を明るく照らす白色
心ウキウキする明るい色の服を選ぶと
着るだけで胸がはずみます。

スカーフ一枚から
始めても
いいかも

「自分の葬式・お墓」を考える

人が亡くなったらお葬式をしますが
葬式は法律で義務付けられているものではありません。
行わなくても法律的には全く問題ありません。
「葬式をする・しない」は
それぞれの家が自由に決めることができます。
コロナ禍もあり、「家族葬」が一般的になりました。
「墓じまい」を考える人も多くなっています。

全ての庶民が「お墓」を持てるようになったのは……
明治時代から個人の墓がいっぱいになり
墓不足から〇〇家の「家墓」が中心になり
経済成長と霊園開発でパッケージ化墓石がブームになり、
バブル経済を経て、現代に……その間140年あまり。
だから庶民には「先祖代々」なんてほど、歴史はないかも。
気になったら、自分のルーツを辿るといいかもしれません。
それはそれで、新しい発見があるかもしれません。

親戚、ご近所に
笑われないような
立派な
葬式で
葬式に誰を
呼ぶか、呼ばないか
決めないと
いろいろ
あるなあ〜
お墓は
無くとも
千の風に
なって
吹きわたる
や〜♪

お墓も時代と共に

樹木葬
世界でも注目のエコなスタイル
海洋散骨
勝手に海にまいてはいけません
墓を作らず手元供養
遺骨をぬいぐるみ、人形、ペンダントに
ちなみにお墓は
自宅の庭に置くことはできません
ペットだけ庭でOK
葬式より「生前葬」をやってみたい
生きているうちに会いたい

神頼みで「幸運」は訪れない

私は昔、神社やお寺、パワースポットに行くと「宝くじが当たりますように」とお祈りしていました。
もちろん、これで、宝くじが当たるわけでないので、
「お賽銭はずんだのに、悪いこともしてないし、何で？」と、
逆恨みする始末で、随分と自分勝手ですよね(笑)。

幸運を呼び込んだり、現実を変えたりするのは
自分がどう行動したかが、大事なんです。
気がつくまで、随分、時間がかかりました。

今も神社やお寺へお参りすることは大好きです。
昔と変わったことは、訪れた神聖な場所では
「神様との対話の時間」を過ごしているということですね。
神様と対話するなかでは、嘘もつけません。
反省したり、励まされたり、ぐちを聞いてもらったり、
自分自身を見つめる、いい時間となっています。
もちろん、この場所がずっとありますようにと
お賽銭は入れますよ。

「個独」と「孤独」

孤独に陥らないよう、「溶け込まなければ」
「友達を作らなければ」「ボッチと思われないように」
とプレッシャーを感じる人が
多いのではないでしょうか。
その思い込みが多大なストレスになり、
結果、集団の中で、かえって孤独を感じることに。

孤独には「良い孤独」と「悪い孤独」があります。
不安や恐怖心、怒り、疎外感からひとりを選択する
「悪い孤独」です。

反対に、自立した精神を持ち
ひとりの時間を求めた結果としての孤独は、
「良い孤独」です。
その瞬間「孤独」は「個独」になります。

友達を作るならガマンガマン
パート先とか人間関係がめんどくさいんだよね
友達作りは無理しない!

「個独」は、幸福な時間

地球上の生き物は
大多数が孤独に
生きています
単独で生きる
「個独」は
他人の目に、
いちいち反応
しなくてすみます
「個独」は、大切な
物事に集中できる
ようになります
人生とは基本
「個独」で
友人、
家族は
おまけの
存在くらい
と考えましょう

自分ファーストは「良い個独」が基本です

そのためにも
自分の世界を持ちましょう

「死ぬまでにやりたいことリスト」を作ろう

終活ノートというものがあります。

「遺された家族へのメッセージ」や「自分の死後の手続きを行う際に必要な情報」を記入しておくことが多いようです。


「死ぬまでにやりたいことリスト」は「終活ノート」とは全く違います。

自分が生きているうちに「やりたいこと」を書き出すのです。

自分のしたいことを意識することは自身を理解しなければなりません。

しまいこんでいた「欲望」を解放してみましょう。

現実味を帯びていないとか、内容が曖昧なままの「やりたいこと」は、いったんそのままにしておき時々、修正や更新して書き換えていくといいです。

やりたいことか…
考えるだけでも幸せ

自分の夢と欲望に向き合う

初恋の人に
会いたい
元気！
豪華客船で
世界一周
今宵はフォーマルナイト
パリに住んで
オペラ三昧
何も行動
しなければ「夢」
のままですが
ムリ…か
宝くじでも
当らないと
ムリだね
逆算して
考えれば「計画」
になります
格安航空券
と
エアビーの宿
できるよ
月2万円
貯めれば
パリに
行けるかも

心配なこと
不安なこと
紙に書いたら
破ってちぎって
まるめて
ゴミ箱へ

2章

人間関係を考える

人間関係で悩むのはやめましょう

嫌いな人や苦手な人は、学校でも、職場でも、ご近所でも、ママ友でも、親戚でも、なぜかいました。
世の中は、そうできているのです。

嫌いな人と、どうやって付き合っていけばいいのだろう……。
私も、嫌いな人がいるときはそんなことばかり考えていました。
相手のことばかり考えていたら、自分のことは後回しになってしまいます。
人生の時間を無駄遣いしてしまいます。
もともと嫌いな人のために……
どう思われても何を言われても、
自分の人生は紛れもなく

ホントにイヤな人だよね
それにあれもこれも…
そうよあの時だって…
はっ
おちついて自分の心をとり戻して

自分のものだというのを思い出しましょう。
人間関係で悩むのをやめましょう。

「自分ファースト」です。

人のことより、もっと自分優先でいいんです。
さあ、気合いを入れて

「よっしゃ、仕切り直すか！」

気の進まない付き合いはやめる

昭和の時代は社員旅行、運動会、歓送迎会、飲み会は強制参加でしたよね……
たまたま職場が一緒だっただけで、仲良しを強要した時代。
今はそんな常識、ありません。

同窓会のお誘いも、楽しみな人もいれば、気が重い人もいます。
同窓会で顔を合わせたくない人がいる場合は、行かないことを選択するのは自然なこと。

昔話は楽しいけれど、そこからは何も始まらないと思ったら、断ってもいいのです。
付き合いが悪くても、後ろめたく感じる必要は、ありません。

「断り方（嘘も方便）」いろいろ

本当は予定がなくても
「その日は親戚の法事がある」
「その日は大切な仕事と重なった」
「その日は旅行に行く予定」
「家族の都合で行けないの」
「高齢の家族の世話があるの」
仲良くしなくても「普通」の付き合いがあります
誘ってくれてありがとね

「嫌いな人」とは戦わない

「悪口が好きな人」「攻撃的な人」

「マウントしてくる人」「挨拶しても無視する人」

「面倒臭い人」「理不尽な扱いをしてくる人」

どうしても苦手な人、嫌いな人はいますよね。

いっそ、嫌いな人からは離れましょう。

嫌いな人が同じ職場などにいる場合は、
会話を最小限に抑えるよう心がける。
嫌いな人がいる場所を避けるなどが考えられます。

絶対に選択してはいけないもの、それは戦うことです。


当たり前のことですが、他人を変えることができません。

変えられるのは自分の気の持ちようだけです。

言ってない
言った
職場でのけんかはとりかえしのつかないことに

「反応しない」でやり過ごす

いつも噂好きなあの人は
あら〜
質問攻めだし同意を求めるので面倒くさい
ねぇ〜
知ってる〜
1分限定で付き合うけど
ほほえむがうなずかず
だから言ってやったのよ
適当に切り上げます
あれっ
トイレに急いでいるので失礼します
貴重な自分の時間を使わせない

「悪口」は体に悪い

誰かの悪口を言うと、快楽に関与するホルモン「ドーパミン」が放出されます。
ドーパミンが出ると楽しい気分になります。
しかし、ドーパミンはよくばりな脳内物質で、
一度放出されると「より大きな刺激」を求めるようになります。
つまり、悪口の回数を増やしたり、
より過激な悪口を言わないと、
新たにドーパミンが出ず、
楽しい気分になれなくなってしまうのです。
結果、悪口を言うことが癖になってしまいます。
悪口を言っているときは、
同時にストレスホルモンも出ています。
最悪の場合、脳を傷つけ、寿命を縮める危険性もあります。

つまり
悪口を聞くことや、悪口を言うことは、
体に悪いということです。

悪口は人の価値を下げます

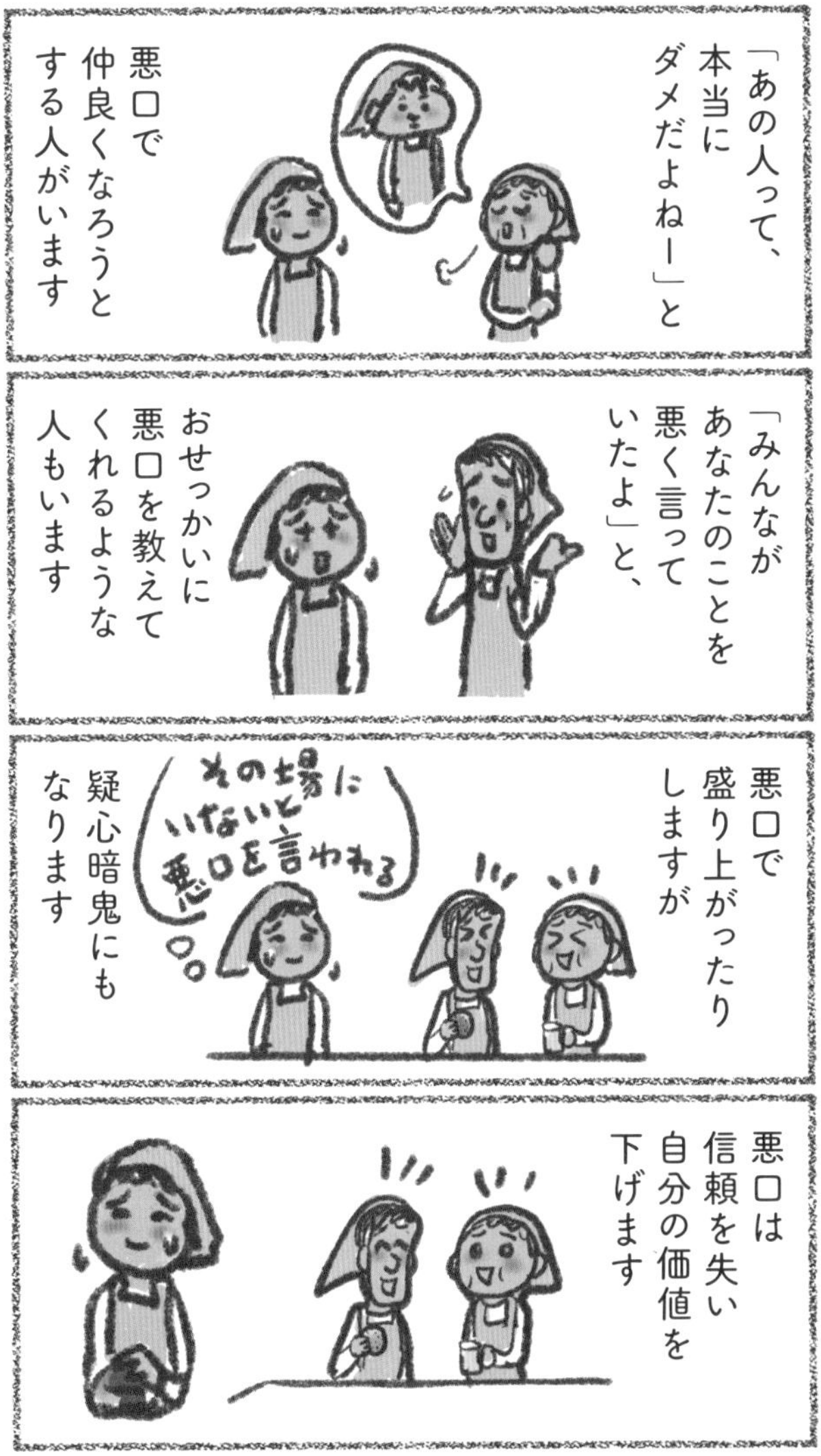
「あの人って、本当にダメだよねー」と
悪口で仲良くなろうとする人がいます
「みんながあなたのことを悪く言っていたよ」と、
おせっかいに悪口を教えてくれるような人もいます
悪口で盛り上がったりしますが
その場にいないと悪口を言われる
疑心暗鬼にもなります
悪口は信頼を失い自分の価値を下げます

できる範囲で悪口コミュニティからそっと離れましょう

我関せず

「嫉妬」がやめられない

ともかく困ったことに、親族や友人関係、仕事の場面でも、
自分に近い相手にほど嫉妬を感じてしまう。

手の届かない人、有名人が何をしようと関心がないのに、
近しい人間の成功などに、人間は非常に弱いのです。

「自分は自分、人は人」と言われても……
自分の中に、嫉妬心がドロドロ渦巻いてくるのです。

嫉妬の気持ちは「欲望の表れ」。
嫉妬心は醜い感情だと言われがちですが、
「もっと良くなりたい！」と思う気持ちの表れなのです。
そう考えると、自分も対象の相手も冷静に見られます。

「嫉妬の対象」を客観的に見る

学歴
合格だ
恋愛
結婚
出産
財産
同僚の
昇進
相手の成功を
冷静に
分析してみると
残業
英語
資格
いつの間にか
嫉妬が
浄化されます
自分は
彼女のように
努力したか？
行動したか？
……
自分も
がんばろっと！

「諦め」も人生には必要

世の中には「ネバーギブアップ」のように「諦めるな」、「諦めたら、そこで終わりだ」と鼓舞する言葉が氾濫しています。

自分自身はネバーギブアップの精神でも他者に対しては、そういうわけにはいきません。どんなに変わって欲しいと思っても、他人はなかなか変われません。他人がすることは、私たちには何ともできません。そんな時には諦めるしかありません。上手に諦めれば、イライラから解放されます。諦めることで、自分が無駄にしている時間やエネルギーを減らすことができます。自分のことに集中できます。

「諦め」を上手に使いましょう。

しつこく
言えば
変わるよ
変われるのは
自分と
未来だけ

「心の俳句」で乗り切る

夫の心ない一言
再婚相手な30才年下
畳と女房は新しいのに限るな！
ムッ！
ここで一句
わたしもよ若い亭主にとりかえたい
子どもの腹の立つ態度
夕食は魚の煮つけよ
それ嫌い違うのにして
子育てに感謝の心入れ忘れ
諦めの境地で読む心の俳句が怒りを昇華させてくれます
上手い！
なにブツブツ言ってるの
？

人はアドバイスを求めていない

人は、悩みを誰かに相談するときに
「最適なアドバイスが欲しい」とは思っていないことがほとんどです。
「とにかく聞いてほしいだけ」。これが結構、多いのです。
あとは、自分が間違っていないか確かめたい、
味方がほしい、自分がどう見えるか確認したい……
場合がほとんどなのです。

もし、アドバイスを求められたり、
自分の意見を言いたいときは、
「あなたは、〜すべき、〜したほうがいい」はＮＧ。
アドバイスというより「私なら、〜するかも」と
自分を主語に変えて。
聞いてもらった時は
「聞いてくれてありがとう」を忘れずに。

聞いてもらいたい時は
15分だけグチを聞いてほしいんだけどいい？

100%話を聞くつもりで

相手が
夫でも
妻でも
息子でも
孫でも
姑
親でも
若いんは
いいわね～
職場の人
友達でも
ねえ～
聞いて
店長が
さあ～
話を聞くに
徹しましょう
聞くだけ
聞くよ

「私に比べたらマシよ……私なんかは～」

自分の話に置き換えないように

「家族」の距離感は適切に

家族は、最も身近なコミュニティです。
幸福感が生まれる場であり、
悩みや葛藤が生まれるところでもあります。

家族との距離感は人それぞれです。
その人が抱える個人的な問題や、
状況によって異なります。
どんなに親密な家族でも「適正な距離」が必要です。
基本は、期待せず、依存せず、自立です。

世の中にはいろいろなかたちの「家族」があります。
法律や、血縁にこだわらない「家族」もあります。
安心できて、安全な場所で、「ただいま」といえば
「おかえりなさい」と迎えてくれる人がいれば
家族ではないでしょうか。

家族だからこそ、適正な距離が必要

そのためにも
自分一人でも
自活できる
経済力が欲しい

兄の病気
長男夫婦のケンカ
ところで
それって
誰の悩み？
孫の教育
夫の禁煙失敗

他者の悩みを背負わない

家族の問題。友人、ご近所、職場の人間関係。
いろいろな悩みがあります。
だけどそれが、本当に
「自分の悩みなのか」考えてみましょう。

例えば、親友が家族のことで悩んでいるとします。
それは、自分でなく、親友の問題。
自分の問題ではありません。
できることといえば、
寄り添ってあげるくらいです。
これは、友人に限らず、家族も同じです。
必要以上に、自分から「他者の悩み」を、
背負う必要はありません。

自分で
どうにも
できない
重い・・・・
「悩み」は
背負わず
そばに置くだけに
しましょう

人のためでも、自分で決めた時間

人生の時間やお金を全て、「自分ファースト」に使うと決めても、現実には逃れられないことも多々あります。

子育て、孫の面倒、介護、仕事、親戚、ご近所付き合い……

私自身、「自分ファースト」と言いながら、多くの時間を孫の世話や、夫の仕事の手伝いなどに使っています。

ついつい「この時間があれば、アレをやりたかった……」「この人のせいで、自分の時間がなくなった……」ともやもやすることもあります。

でも、やると決めたのは自分自身。断らなかったのも自分自身。

「どうしてもというならやる」「やりたくないけどやる」という曖昧な心ではなく、大袈裟ですが「自分の決断した」結果なのです。

私の場合も、この先後悔しないために考えた「決断」なのです。

決断とは、誰にも強制されない、自分の決心の結果なのです。

また、何かを引き受ける時は「今回だけ」とか「問題が解決するまで」……などはっきり決めておくといいでしょう。

自分ファーストじゃねえし
やってあげるよ
自分の時間を自分で決めるだけのこと

「自分の決断」が重要

嫌われたくないとか
たのむよ
…ハ、ハイいいです…
褒めてもらいたいとか
ホント
よくやるね
スゴイね
無理やり頼まれたとか
ホントはやりたくなかったけど
強引に頼まれたから
とか捨てて
覚悟を持って自分で決めることが決断です
これは自分で決めたこと

結果感謝されなくてもいいのです
イヤイヤそんな
おかげで助かった
感謝されれば思いもよらぬご褒美と思いましょう

友人は少数精鋭がいいかも

3章

生活習慣を変える

生活を変えて「時間とお金」を作り出しましょう

時々、思い出しましょう
「人はいつかは死ぬ」ということを。
私たちは、限られた時間を生きています。
ダラダラしてる時間は、
無駄遣いしているのと同じこと
人生に時間はたっぷりあるように見えて
そんなに時間はありません。

「お金を稼ぐ時間」「移動の時間」
「子育ての時間」「学校で学ぶ時間」
「睡眠、食事など、生きるための時間」
「親の介護の時間」「病気療養の時間」
「料理や買い物の生活の時間」
「付き合いのための時間」……

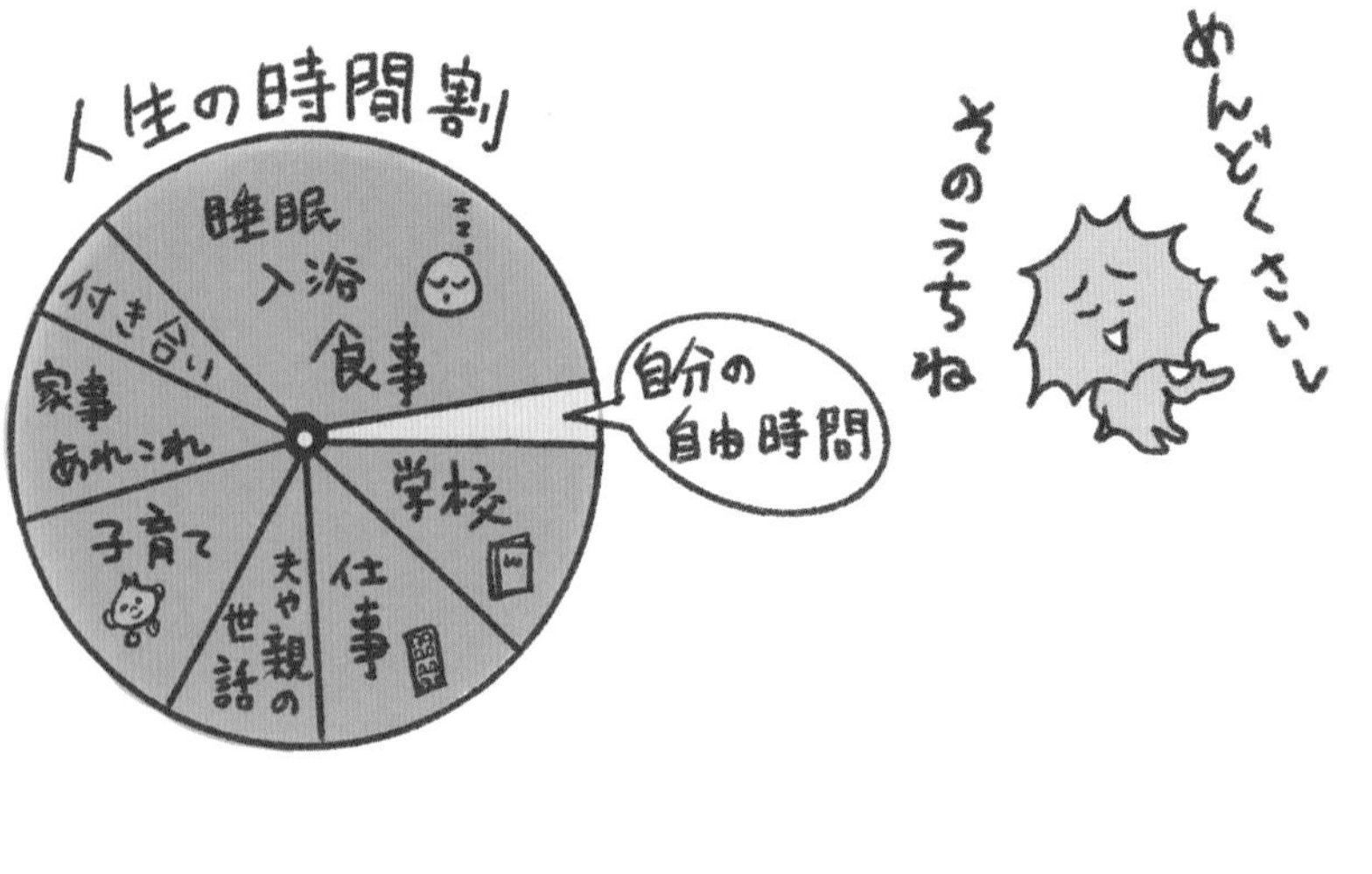

そんな中の「自分のための時間」は、
工夫しないと作り出せません。

長年の習慣で、時間とお金が
ただ漏れしていることがあったら
今すぐやめましょう。
時間もお金もやりくりして
「自分ファースト」です。

さあ、ご一緒に

「よっしゃ、
一丁、変えてみるか！」

少なっ！
いままで
家族のため
がんばったね
これからは
自分の時間を
作ろう

「毎日料理する」をやめる

毎日の食事の準備は面倒ですよね。
特に家族全員が在宅している時など
「ご飯のことばかり考えている毎日」に
うんざりする人もいるのではないでしょうか。
「いつでも温かく健康的で美味しい食事」が
出てくるのは、作る人の手間暇あってのことです。

「こだわり」を捨てるのも大切です。
料理は2日に一度にする。
出来立てにこだわらない。
食事は各自好きなタイミングで食べる。
食事は基本セルフサービスで、各自洗うところまでやる。
食べたいものがあれば、各自買ってきて食べる。

料理が負担になる前に、嫌いになる前に
上手に手抜きをしましょう。

こだわりを捨てると楽になる

冷凍食品やお弁当を買う
シューマイ
ピラフ
大量に作ってアレンジして食べる
カレーうどん
カレートースト
カレー
カレースパゲッティ
ご飯さえあればなんとかなる粗食レシピ
玉子
缶づめ
納豆
ふりかけ
佃煮
作り置きでのりきる
きんぴら
若どりのマリネ
サラダ
冷凍ご飯があれば
自分でなんとかします

「TVショッピング」は1日おいてから買う

私は、買い物の半分以上、通販を利用しています。
出かけることなく吟味して、購入できるのが魅力です。

しかし、テレビショッピングだけでは、
「ゆっくり吟味」ができません。
通販番組は言葉巧みに、購買欲をそそります。
さらに、特別割引が実施されていることが多くないでしょうか。
私の場合、セールでお得って聞くと、購入の基準が、
ゆるんでしまうんです。
結果「基準がゆるい、まあまあのもの」を購入。
実は、これが問題です！
結局「まあまあのもの」には満足しないのですね。
最近は、テレビショッピングだけは、1日おいてから
購入します（1日おくとおおかた購買欲が消えますが）。
通販は、「本当に欲しいもの」か「定価でも買うか」など
ゆっくり吟味する時間が必要なのです。

30分以内に、買わせる仕組みはこれだ!

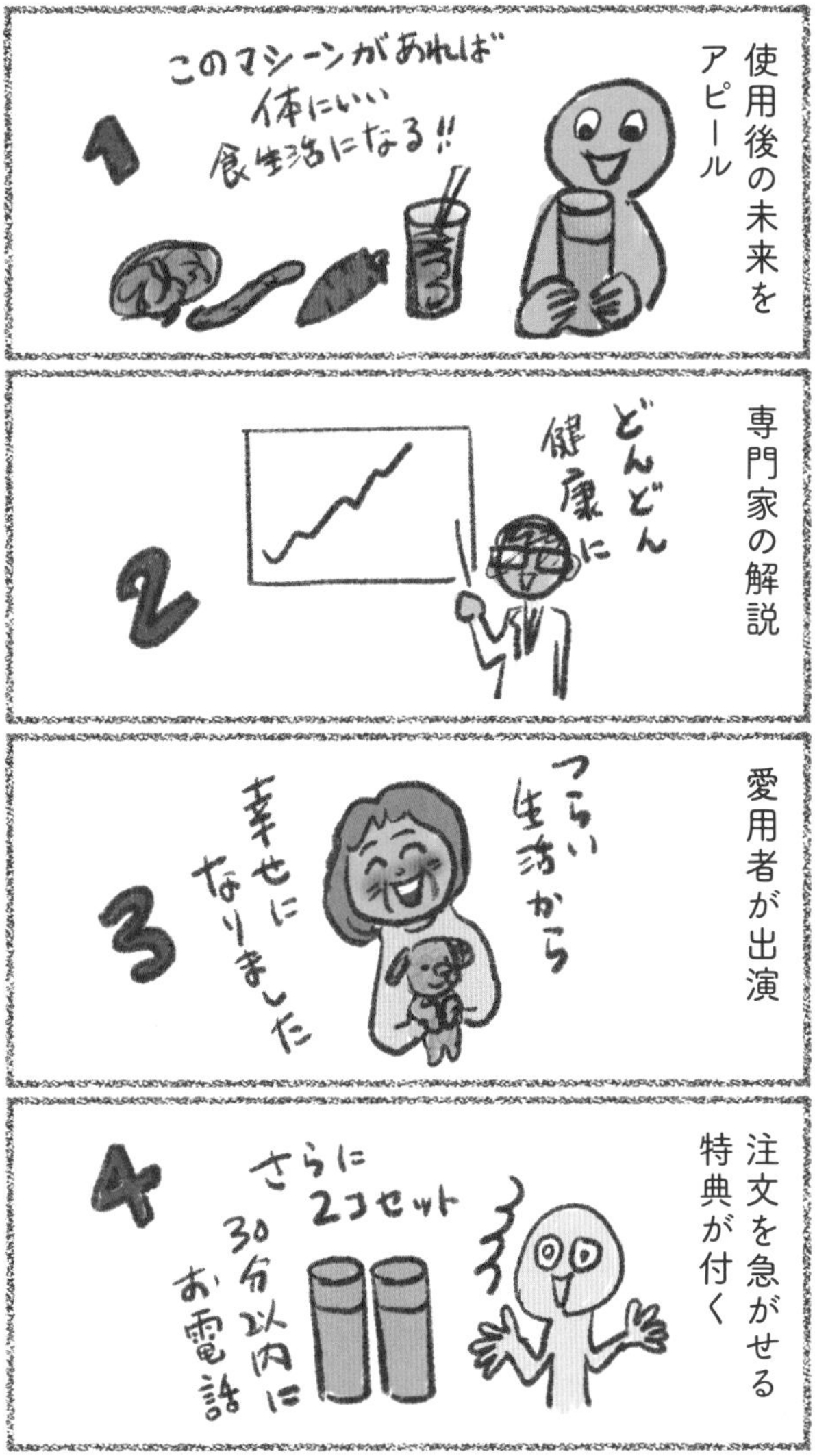

「不必要な生命保険」をやめる

昔の積立型保険は、高い返戻率と万が一の保障の両面を兼ね備えた魅力的な商品でした。

昔のイメージと違って、今は
積立式の保険は元本割れがほとんどで
お金をあまり増やせないというのが現状です。
コマーシャルはいいところだけ強調しています。
保険のメリットと一緒に
デメリットも考えてみましょう。

基本は生きている自分が一番大事です。

やっぱり、どこか保険に入りたくなったら
契約書の細かい文字を、
読んでみてからにしましょう。

30年以上前の
バブル期に入った保険は
積み立て保険
「お宝保険」です

入ってからわかる保険の事実

保険金請求に必要な診断書が結構高額。一泊二日の入院に
¥10000
保険会社指定診断書
一日5千円、2日分の1万円の給付金を受け取るために指定の診断書の手数料が1万円かかったことがあります
高額医療費は自己負担限度額を超えた額が払い戻される「高額療養費」制度があるので過剰に心配することはありません
500万かかったけど、払ったのは14万だけですんだ
葬儀保険は基本掛け捨て一年更新。年齢と共に保険料が上がります
保障は90才まで
申しこみは75才まで
更新の年齢には上限があり保障年齢過ぎると保障対象外
さらに今は……
8万〜
家族葬などお金のかからない葬式が中心になってきています

※保険の請求などに必要な医師の診断書の料金は、
病院によって3000円から1万円余りの差があるようです。

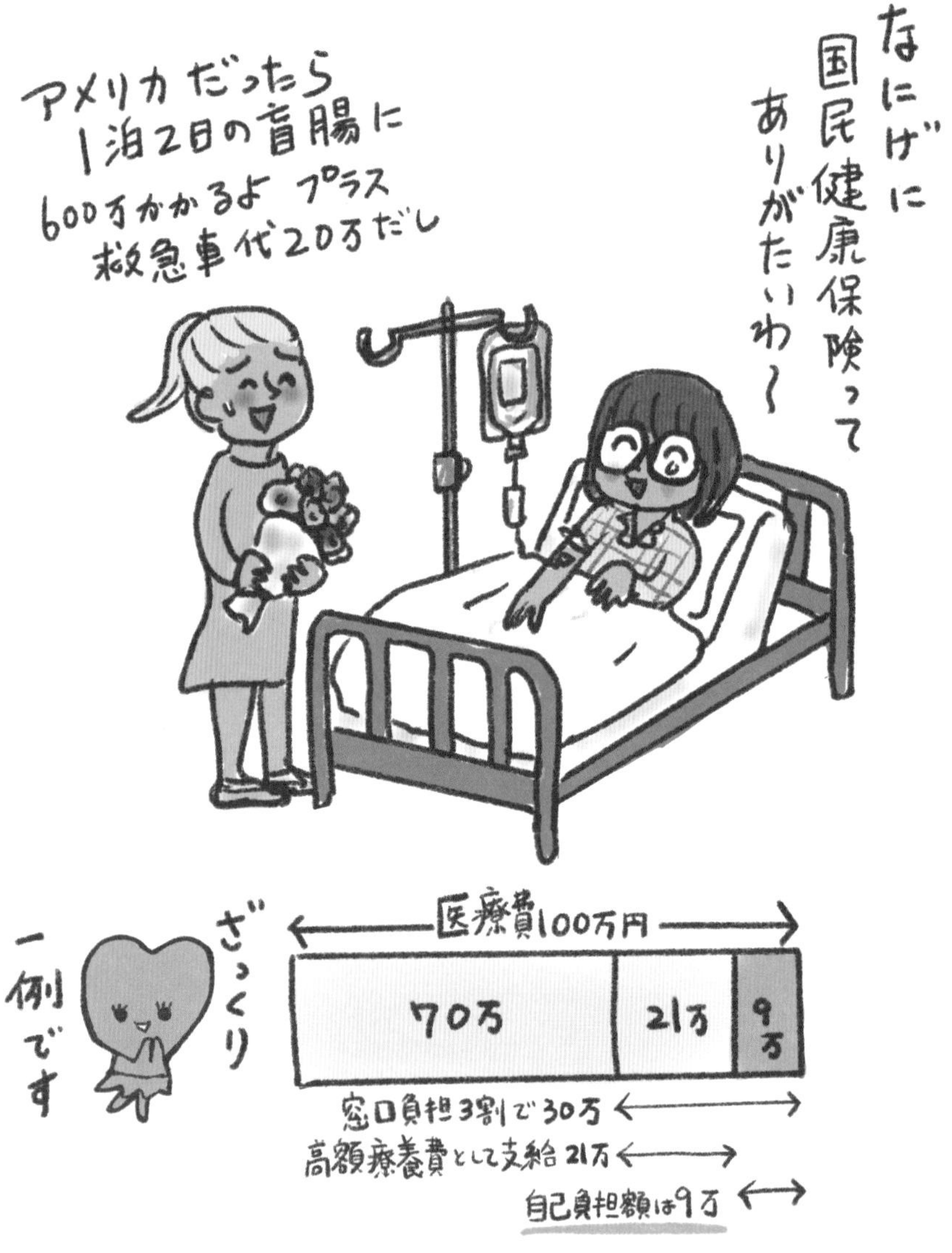
なにげに
国民健康保険って
ありがたいわ〜
アメリカだったら
1泊2日の盲腸に
600万かかるよ プラス
救急車代20万だし
医療費100万円
70万
21万
9万
窓口負担3割で30万
高額療養費として支給21万
自己負担額は9万
ざっくり
一例です

日本では、高額な医療費は
かなりの部分、健康保険でまかなえます。
高額な医療費を支払ったときは、
「高額療養費制度」で払い戻しが受けられます。

「高額療養費制度」とは、ひと月にかかった医療費の、
自己負担額が高額になった場合、
一定の金額(自己負担限度額)を
超えた分が、あとで払い戻される制度です。
医療費が高額になることが事前にわかっている場合には、
「限度額適用認定証」を発行してもらい、
提示すれば、払い戻しの手間が省けて便利です。
自己負担限度額は、年齢および所得状況等により
設定されています。

知っておくだけで、ちょっと安心ですね。

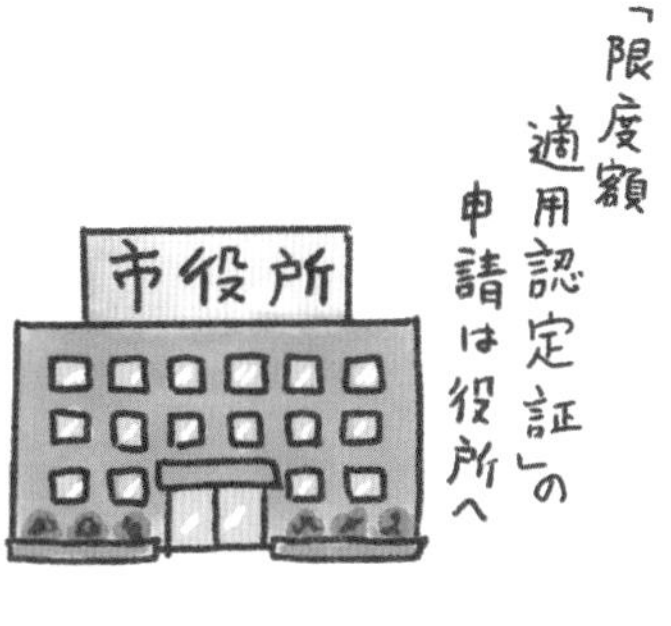
「限度額適用認定証」の申請は役所へ
市役所

※詳しくは「厚生労働省　高額療養費制度」で検索を

「イベント」をやめる

自分が子どもの頃、ケーキは特別なご馳走でした。
我が子が小さかった頃は、
イベントは欠かせませんでした。

でも生活も時代も変わっていきます。
ひとり暮らしだったり　夫婦二人きりだったり
そのたびごとに見直しましょう。
モノのない時代の贈り物と、現代は異なります。
世代が違う子どもたちには
何をあげたらいいかも
わかりません。

もし、面倒臭いと思ったらやめ時です。

負担のないルールに決める

お正月

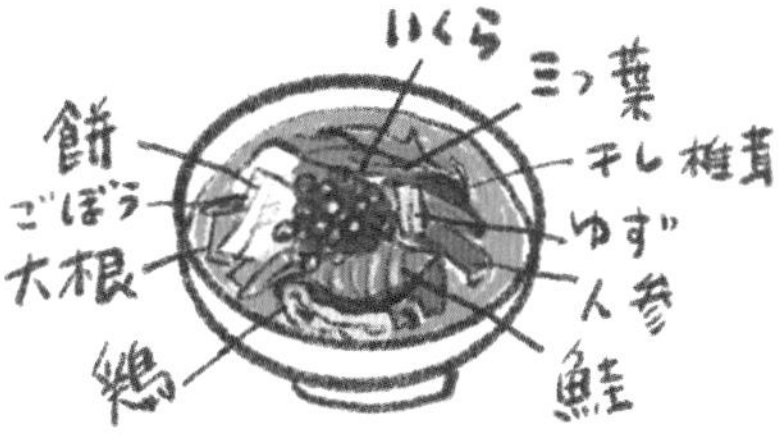
いくら
三つ葉
干し椎茸
ゆず
人参
鮭
鶏
大根
ごぼう
餅

おせちをやめて
気合いの入った
お雑煮だけ

子ども(孫)の
誕生日
進学祝い

図書カード
図書カード
¥5000

お年玉は
図書券に統一

クリスマス
記念日は

いつもの夕食に
ワインを
添えるだけ

その代わり
気持ちを伝える

いつもありがとう

カードを
添えましょう

自分の誕生日は
有名パティシエの
ケーキだよ

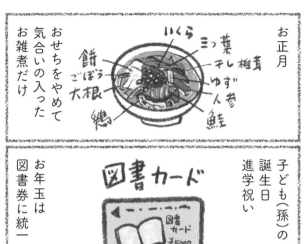

宣伝文句は疑ってかかる

宣伝文句は疑ってかかる

アメリカ人の友人が、日本に来てびっくりしたことのひとつに街のあちこちに「ナンバーワン」の表示が、たくさんあることです。

「売り上げナンバーワン」「口コミサイトナンバーワン」「○○調べナンバーワン」「地域の中でナンバーワン」。ナンバーワン、イコールみんなからの支持。みんながいいと言ってるから、あなたも買ってよ、という煽りですね。

友人からすると、自分の中でのナンバーワンが、優先されるので、誰かのナンバーワンは、関係ないという感じです。ふと考えると、全くその通りです。

買う時は、パッケージの裏を見る、食品であればどんな添加物が使われているか、材料は何か、価格と中身が釣り合っているか、そして、必要かどうか……考えることはいろいろあります。

ナンバーワンの表示に惑わされず、賢い消費者を目指したいものです。

「毎日のシャンプー」をやめる

毎日シャンプーをしていないというと「不潔」と思われると嫌なので
人にはあまり言いませんが、
私自身、50歳すぎた頃から、長年そうしています。
シャンプー・リンスは1日おきで、あとは「湯洗いリンスなし」。
そのおかげかどうかは、わかりませんが
年齢のわりに、髪が多く、艶とハリがあり髪質もいいと
美容師さんに褒められます。

市販品は洗浄力が高いものが多く、皮脂が根こそぎ洗われます。
それを補うために、リンスやトリートメントなどで
脂分を補う形になります。
実は、髪の汚れは、お湯だけでほとんど落ちます。
「湯洗い」は、界面活性剤の使用がないぶん、
毛幹細胞が元気になり、毛髪生成が活発化します。
ワックスやジェルなど、スタイリング剤を使ってセットしていないの
ならば、自分に合った「湯洗いリンスなし」がおすすめです。

湯洗い、リンスなしで髪もイキイキ

ブラッシングは全体に丁寧に
血行が良くなるまで
頭皮をマッサージするつもりで
お風呂ではお湯で頭皮を中心に洗う
マッサージするように
必要以上の潤いは落ちてないのでリンスはいらない
シャンプー代
半分な分
毛染めはサロンで
髪も傷まず白髪染めの退色もありません
大事なのはすぐにしっかり乾かす
頭皮を中心に
頭の匂いもありません

私は
抜け毛とフケが少なくなりました

「余分なクレジットカード」をやめる

今現在、4枚以上のクレジットカードを持っている方は
それぞれどれくらいのカードショッピングを
しているかチェックしてみましょう。
年会費の有無、ポイント還元率、自分に合った特典の有無まで含めると、
使っていないカードがピックアップできるでしょう。

好き嫌いは別として、世の中はどんどんデジタル化が進みます。
500円玉貯金も、銀行に預けると手数料を取られる時代です。
自治体発行のお得なポイント還元は、電子マネー限定だったりします。
使い過ぎに心配のないチャージ式の電子マネー、
銀行口座から直接引き落とされるデビットカード。
使ってみれば、「あら簡単」と思えます。
ただしこれらは、電気が通じてお店が対応していることが基本。
自然災害による突然の停電も考えて
硬貨を含む現金は、別途、用意しておきましょう。

アナログ人間だから新しいコトはムリ
使ってないクレカこんなに
口座のお金は限りがあるからね

電子マネーを使いこなそう

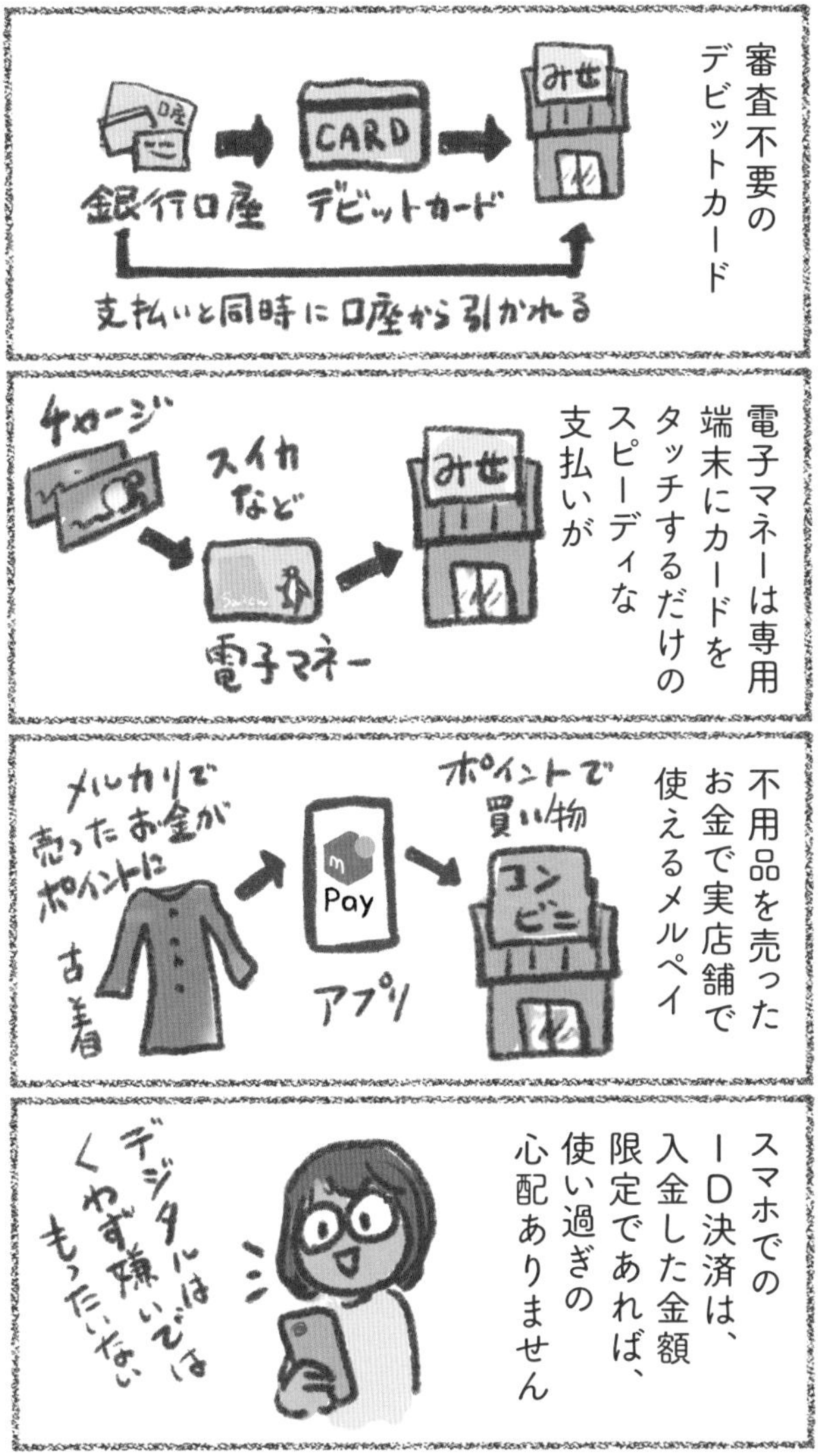
審査不要のデビットカード
口座
CARD
みせ
銀行口座
デビットカード
支払いと同時に口座から引かれる
電子マネーは専用端末にカードをタッチするだけのスピーディな支払いが
チャージ
スイカなど
みせ
電子マネー
不用品を売ったお金で実店舗で使えるメルペイ
メルカリで売ったお金がポイントに
Pay
ポイントで買い物
コンビニ
古着
アプリ
スマホでのID決済は、入金した金額限定であれば、使い過ぎの心配ありません
デジタルはくわず嫌いではもったいない

自治体が発行するお得な買い物券や
ポイントはデジタルが使いこなせてこそ！

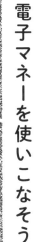

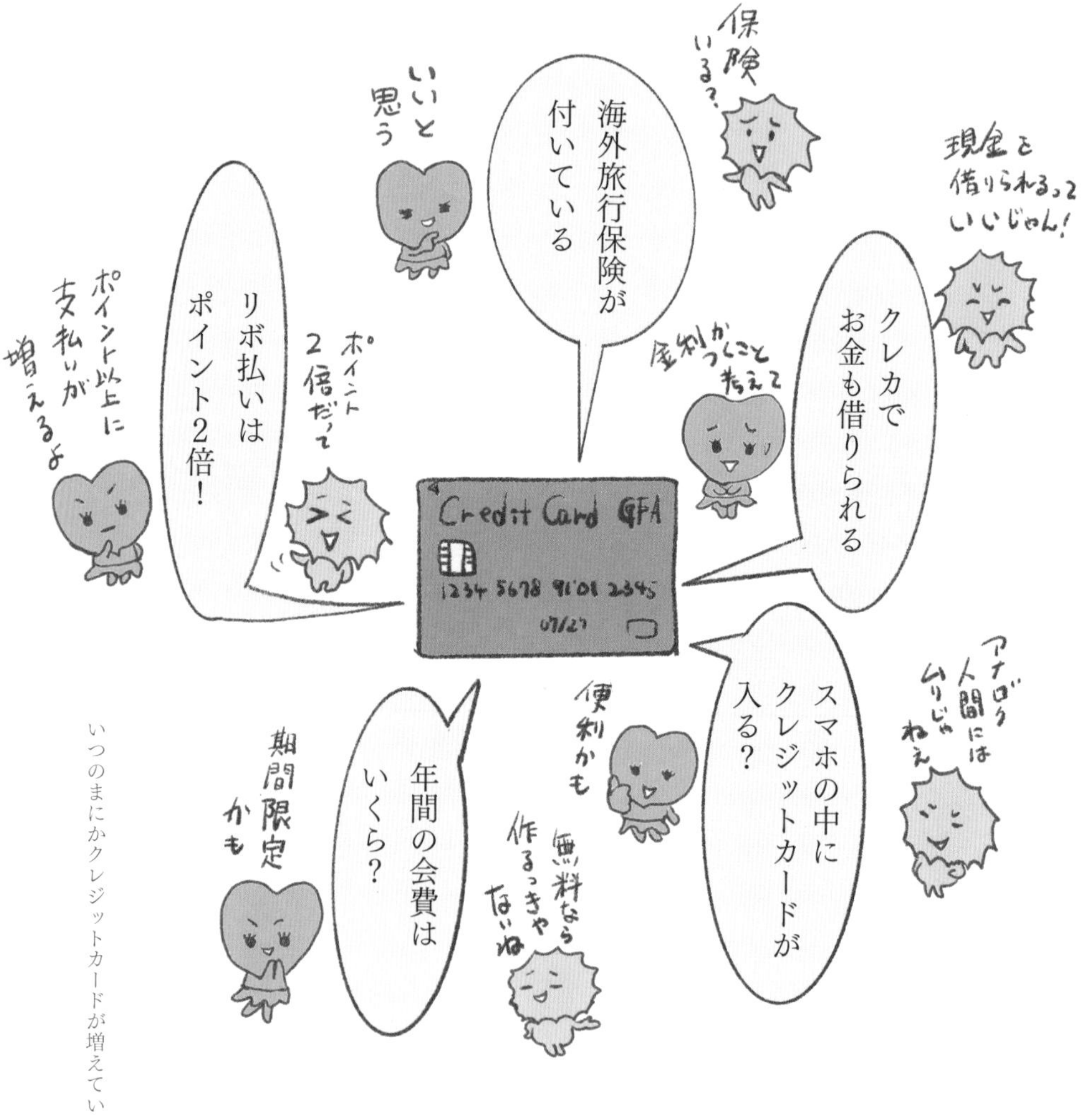
海外旅行保険が付いている
いいと思う
保険いるっ？
現金を借りられるっていいじゃん！
クレカでお金も借りられる
金利がつくこと考えて
リボ払いはポイント2倍！
ポイント2倍だって
ポイント以上に支払いが増えるよ
Credit Card GFA
1234 5678 9101 2345
07/27
スマホの中にクレジットカードが入る？
アナログ人間にはムリじゃねえ
便利かも
年間の会費はいくら？
無料なら作るっきゃないね
期間限定かも

いつのまにかクレジットカードが増えていく？

いつのまにかクレジットカードが増えていく？

最近は、
チャージ式の決済アプリと
思っていたら
いつの間にかクレジットカードとも
連動できる仕組みに変わっていて、
今なら、何ポイントプレゼント付きとうたって
新規クレジットカードの入会を
勧めてくる場合も多いです。

自分で理解と管理ができて、
生活スタイルに合うかどうか。
見極めが必要ですね。

天災時は「自分ファースト」が基本

地震や豪雨が起きるたび、何か備えなくては……
と不安になりながらも、何を準備すれば
いいのかわからない人もいるのでは？

「自分ファースト」では、「自分だけでも生き残る」です。

「自分だけ生き残る」と自分勝手のように思われますが
自分ひとり無事なら、その分、消防や警察の手を煩わせません。
大事なことは、自分自身が怪我をしたり、死んでしまったら、
大切な人を助けることはできないということ。

最低限の備えは、すこしだけでも心配事を減らせます。
100均グッズを利用すれば、安価に揃えられます。

その時は消防や役所に助けてもらえば
大地震が来たら…
大地震
自分自身の身を守ることがまず一歩

自分の命は自分で守る

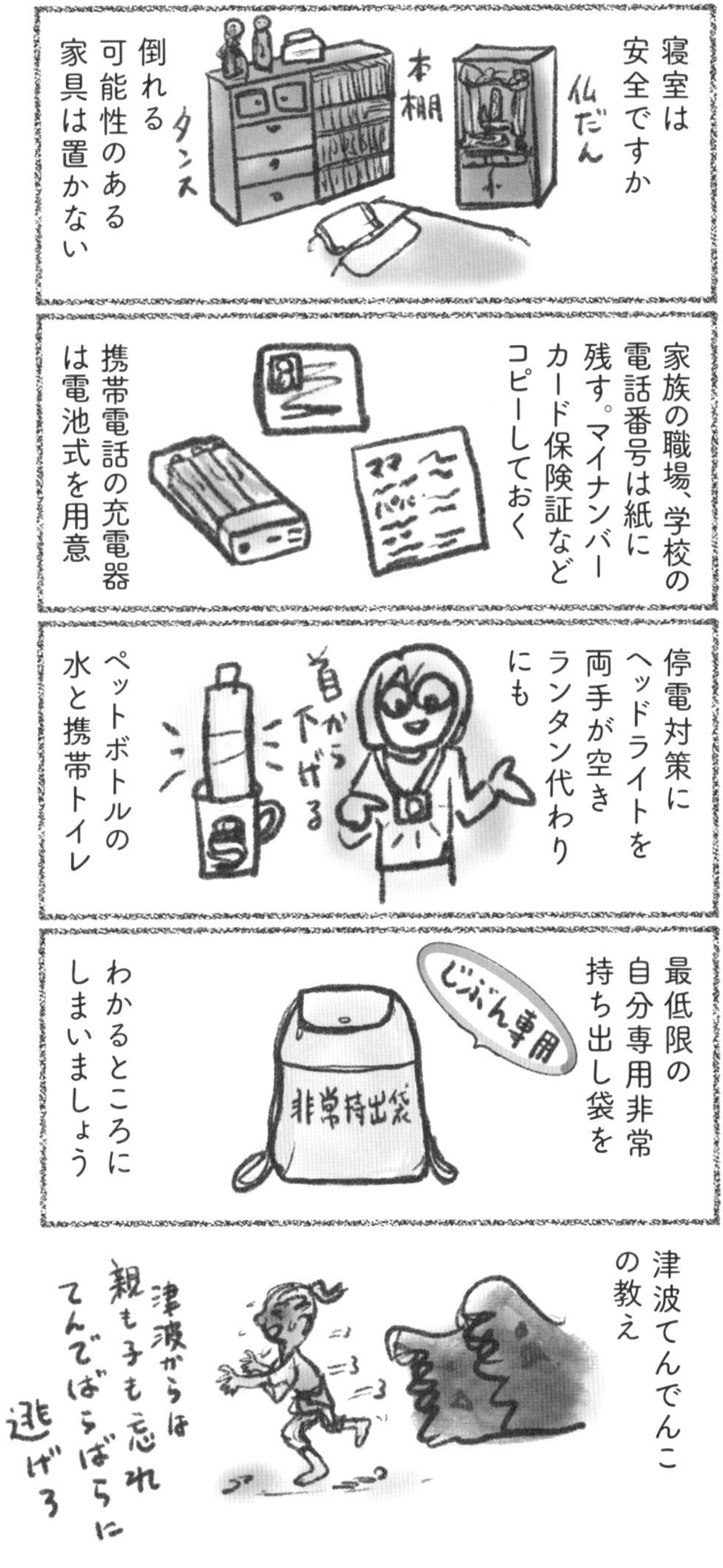
寝室は安全ですか
仏だん
本棚
タンス
倒れる可能性のある家具は置かない
家族の職場、学校の電話番号は紙に残す。マイナンバーカード保険証などコピーしておく
ママ
パパ
携帯電話の充電器は電池式を用意
停電対策にヘッドライトを両手が空きランタン代わりにも
首から下げる
ペットボトルの水と携帯トイレ
最低限の自分専用非常持ち出し袋を
じぶん専用
非常持出袋
わかるところにしまいましょう
津波てんでんこの教え
津波からは親も子も忘れてんでばらばらに逃げろ

ハザードマップと防災リュック

アルミシート
軍手
マスク
マイナンバーカードのコピー
保険証
自分専用
くすり
常備薬
電池式充電器
スカーフ
非常持出袋
現金
アルコール
ウェットシート
着替え
けいたい食
カロリーバー
水
タオル

ライフラインが
止まったとき
一番困るのが
トイレ
「非常用トイレ」も
忘れずに

4章

健康を考える

何はなくとも「健康」

どんなにお金持ちでも、
容姿に恵まれても、
若くても、年寄りでも、
自分自身が健康でなければ、
つまらないですよね。

若いときは無理がきくけど
還暦過ぎたら、「健康」は
向こうから都合よく、
やって来てくれません。
それどころか
「加齢による○○の衰え」の
オンパレードです。

「自分ファースト」には「健康」は必須条件。

負担にならない程度の、
「体に良いこと」を始めてみましょう。
「健康」であればこそ
「免疫力」「若さ」「前向きな心」がもれなくついてきます。

さあ、皆様、ご一緒に

「よっしゃ、一丁、鍛えるか！」

「睡眠時間」にこだわらない

睡眠に悩んでいる方は多く、
睡眠導入剤を使っている方も多いそうです。

私の夫もその一人。
8時間寝なくては、12時には寝なくては……
あれやこれやと自分のこだわりに固執します。

逆に、私は6時間寝れば充分。
その分昼間眠くなったら、30分ほど仮眠。
長く寝られた日もあれば、短い睡眠時間の日もある。
だけど、気にしません。
よほどのないことがない限り、不眠で悩みません。
眠れなかったら、本を読んだり、ラジオを聞いたり
その時間をまったり過ごします。
それから、眠くなったら寝ればいいんです。

眠れないなら薬を飲まないと
ギンギン
夜寝れなかったら昼寝をすれば

良い睡眠のための工夫

夕方からは
カフェインの
入った飲み物を
摂らない

就寝
3時間前には
夕食を済ませる

ぬるめの
お湯で
ゆっくりお風呂

目もとを
温める

寝る前に
目もとを
温めると深い
リラックス感が
生まれ、
入眠しやすく
なります

朝は
日を浴びて
目覚める

老いを受け入れれば、先に進める

「シミやシワが目立って、老けてきた」
「もの覚えが悪くなった」「体力がなくなった」など、
身体的・精神的に感じる「老い」はさまざまです。

「老い」というものを抵抗なく、
受け入れることができれば何ら問題はないのですが、
素直に受け入れられないのが人間です。
できないことを嘆いているだけでは、前に進めません。
できる対策を考えましょう。

簡単です。
歯が抜けたら、入れ歯にすればいいし、
尿もれが心配なら、尿もれパッドをあてればいいし
もの覚えが悪くなったと感じたら、メモをすればいいのです。

それぞれの対策を講じて、進みましょう。

多くの高齢者が活躍しています。

最近の研究では
脳神経細胞は
年齢を重ねても
新しく生まれる
といわれています
81歳で
スマホアプリを
開発した
若宮正子さんは
おもしろそう
パソコンに
触れたのは
60代を
超えてから
瀧島未香さんは
65歳でジムに
通い始め
最初はダイエット目的
87歳でプロの
インストラクターに
芸能界では
80歳過ぎの
現役は
珍しくない
1933年生まれです

80才でエベレストに
三浦雄一郎

「サプリ」は魔法の杖ではありません

生活習慣病は、喫煙、運動不足、睡眠不足、ストレス、偏った食事など、
いろいろな要因が絡み合って起こります。
食事も、その要素のひとつです。
サプリメントはあくまで栄養補助食品で、
バランスの取れた食事に代わるものではありません。
「できるだけ食事から栄養を摂取する」というのが、専門家の見解。
気軽に注文できる便利なネットでの通販。
しかし、気づかないうちに「定期購入」だった
などのトラブルもあります。
「初回無料」「お試し価格」などとうたった商品を購入する場合、
「定期購入かどうか」「2回目以降の価格」
「解約の条件」を確認しましょう。
もし体調が心配なら、自治体のサービスを
利用してはいかがでしょう。
保健所の健康相談、健康的な食生活についてなど
無料のいたれり尽くせりのサービスもありますよ。

サプリで元気に～
飲むだけで健康になるなら買いだね

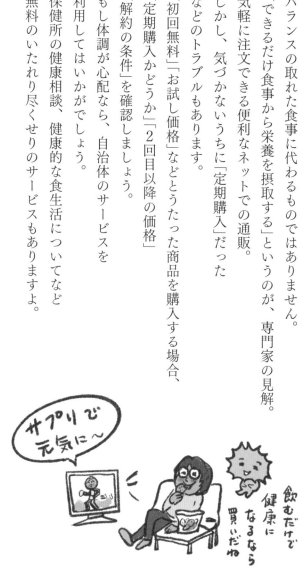

栄養が心配なら、保健所に相談

保健所は
無料で
健康・栄養相談
を行っています
健康相談では
肌年齢測定・
血圧測定・
骨健康度測定など、
70才
肌年齢やばっ
各種測定機器も
用意しています
生活習慣病や
健康に関する
相談は
担当の
保健師さんに
相談できます
無料で
食事は
なるほど
自分の
健康管理に
役立てられます
アンチエイジングクリニックと同じ
あっちは〇万円かかるかも

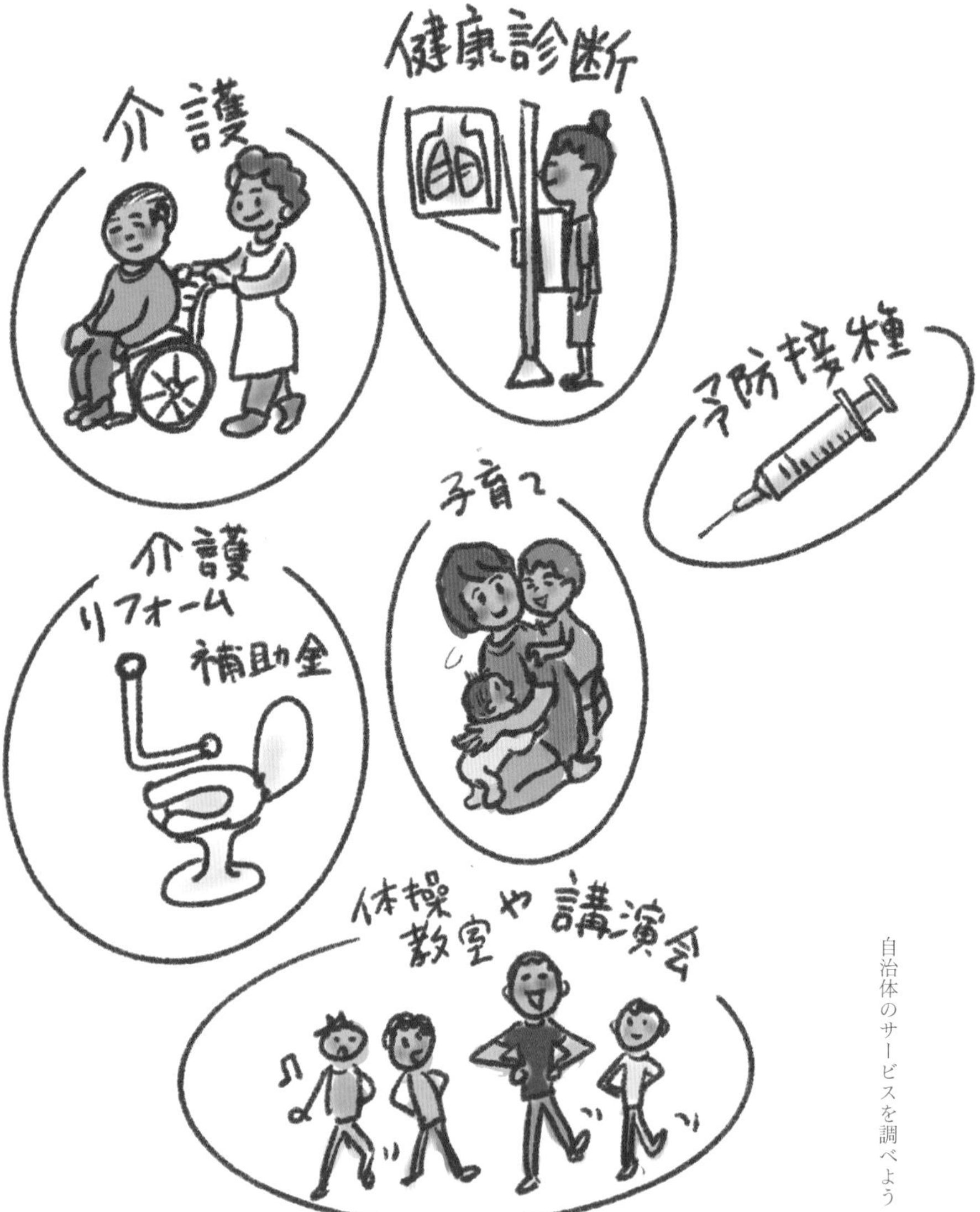
介護
健康診断
予防接種
子育て
介護
リフォーム
補助金
体操教室や講演会

自治体のサービスを調べよう

自治体は、健康づくりに関わる
さまざまなサービスを用意しています。
広報紙、チラシ、保健所、役場にあるパンフレット、
自治体のホームページをチェックしましょう。

かくいう私も、先日、近所の公民館での
保健所の出張サービスを初めて利用。
「肌年齢、骨密度」を測ってもらい、
実年齢より高い結果に、愕然としました。
が、これからの健康対策の参考になり
便利さを実感した一人です。

利用できる条件、サービスなどの詳細は
お住まいの市区町村の窓口に直接お尋ねください。

自治体からのお知らせは
細かくチェック!
広報

※役所の職員を名乗る詐欺も、多発しています。自分で確認してからサービスを利用しましょう。

骨を強くする

女性は50代から、男性は60代以降、
骨量が減っていきます。
骨量が減るということは、骨がもろくなり
骨折しやすくなるということ。
高齢者にとっての骨折は、
そのまま寝たきりになる原因のひとつ。
それゆえ、減少する骨量を、
増やす努力が必要です。
健康相談などで、骨密度を測る機会があったら
測って、自分の骨密度を知っておきましょう。

そのためにも
骨を丈夫に
しなきゃ

ささいなことで
骨折した

寝たきりに
なりたくない
・・・・

骨は運動と食事で、強くできます。

カルシウムとタンパク質豊富な食品を摂り
肉
大豆
チーズ
ミルク
骨の材料を用意する
ビタミンKとビタミンDを摂り
きくらげ
鮭
納豆
小松菜
骨の形成を促す
一日15分の日光浴でビタミンDを補う
踵《かかと》落とし体操で
20回
×2セット
骨に刺激を

若くても間違ったダイエットで、骨がスカスカな人もいる
やせたいし
ダイエットより骨活!

煮干し粉入り
玉子焼き
煮干粉
青のりと
魚のだし粉を
かける
静岡おでん
骨ごと食べられる
魚の缶詰
さば
さけの中骨
粉チーズ
スープ
ふりかけ
小魚
ふりかけ
おやつに
チーズ
カルシウム強化のおかし
ヨーグルト
アーモンドフィッシュ

カルシウムをちょい足す

カルシウムを摂らなきゃいけないと思い立ち
手作り「健康ドリンク」を始めたり
「栄養補助食品」に頼ってもいいですが……
それって、めんどくさいですよね。

いつもの食事にちょい足しで、
カルシウムを補給する方法もあります。
小魚ふりかけ、粉チーズ、煮干し粉を
ちょい足しするだけで、
美味しくカルシウムが取れますよ。

骨粗しょう症性から
腰が曲がって
しまうことも

タンパク質とカルシウムを摂る

大根葉は
小松菜より
カルシウムが多い

さっと塩茹でして
水に
さらしてから
細かくきざむ

葉っぱ肉そぼろ

常備菜

大根の葉1本分と
豚ひき肉300gを
ごま油で炒め、
みりん大さじ2、砂糖大さじ2
しょう油大さじ4で味つけ
ごまをふる

カルシウム強化の

のりじゃこ佃煮

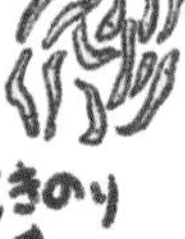

じゃこ 20g

焼きのり 20g
ちぎる

生姜 20g

だし汁150ml

しょう油大さじ2
みりん大さじ3
酒大さじ3

全部入れてとろっとするまで煮る

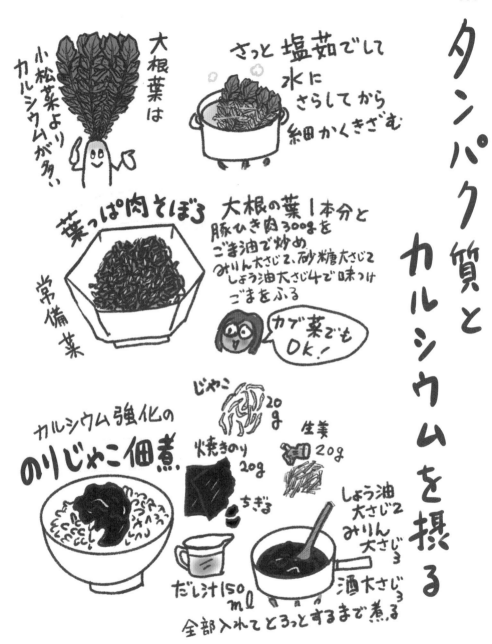

我が家の「茹で大豆」は
スープジャーに乾燥大豆と
熱湯を入れ、そのまま
2時間くらいおく。
中の湯を替えて、さらに
2時間おくだけ。
乾燥大豆
熱湯
大豆は
ふくらむので
ジャーの半分に
お湯は満タンに
五目豆
干し椎茸の
戻し汁と
めんつゆで
味つける
ごぼう
こんぶ
干し椎茸
にんじん
こんにゃく
大豆
圧力鍋で
5分煮るだけ
タンパク質強化の
納豆トースト
食パンに
味つけした
納豆を
リング状にのせ
中央に卵をおとす
オーブントースターで焼く
卵が好みの
固さに
なるまで焼く

「腸内環境」を整えましょう

人の腸には１０００種類１０００兆もの腸内細菌がすんでいます。
腸内細菌は主に善玉菌と悪玉菌がいて
理想のバランスが、健康のもとです。

発酵食品とは、微生物の働きによって、
消化吸収がよくなり、保存性も旨味も増した食品です。
さらに、体内に入ってからは、
豊富な善玉菌で、腐敗物質の増加を抑制してくれます。

身近な発酵食品といえば
ヨーグルト、チーズ、納豆、キムチ、甘酒、お酒、
味噌、醤油、鰹節、みりん、お酢、お酒、パン……
私たちの生活に欠かせないものばかりですね。

発酵食品と繊維質を摂ろう

ヨーグルトは朝よりも夜に
深夜は腸も活発になるので乳酸菌などの吸収率も高い
ヨーグルト

ぬか漬けは野菜と糠の栄養の発酵食品です
繊維質もともに摂れます

繊維質は腸内を掃除してくれます
ごぼう
きのこ
海そう

やっぱり「和食」は最高ですね
ひもの
納豆
漬けもの
ご飯
味噌汁

「腸は第二の心臓」

しっかり噛んで食べる

しっかり噛んで食べる

「しっかり噛む」だけで健康が維持できます。
ひとくち30回を目安として
よく噛んで食べましょう。

噛むことで、脳が活性化します。
顔の筋トレになり、小顔効果もあるとか。
何よりも、早食いや食べ過ぎによる
消化トラブルを、予防してくれます。

しっかり噛んで、しっかり味わい、
しっかり栄養を摂りましょう。

卑弥呼の時代
噛む回数は
現代人の
6倍以上でした

「和式トイレ」でしゃがめますか？

登山道の山のトイレは「和式」が中心。
イベントの仮設トイレも「和式」が多い。
公衆トイレで「和式」しか空いてない。
そんなことありませんか？

深くしゃがんで用を足す「和式トイレ」。
足首が固く、股関節周りの筋力がなくなると
しゃがむのも、立ち上がることもできなくなるのです。
つかまり棒や、触りたくない壁を頼りに、
なんとか、立ち上がればいいですが、
最悪の場合、誰かに助けて
もらわなければなりません。
それも、お尻丸出しで……（汗）。
和式トイレで助けを求めないためにも、
筋肉を鍛えましょう。

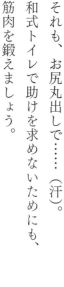

ヨガで1分ストレッチ

足の裏を
床につけ
両脚を
肩幅よりも
少し広めに、
つま先は外側に
お尻を床に
つけないよう
ゆっくりと
しゃがみ
こみます
両手を合掌
肘で両膝を
外側に押す。
骨盤底筋群を
引き締めるのも
ポイント
このまま、深く
呼吸しながら
ひじとひざを押し合う
胸を引き上げる
かかとをつける
1分ステイ

気軽にできるので
一日数回を
習慣に

ヨガマットいらず

「恋愛ホルモン」で若返ろう

女性ホルモンが不足すると
次のようなことが起こります。

シミやシワ、たるみなど肌の衰え、
生理不順、肩こりや腰痛、
太りやすく痩せにくい、
イライラする、物忘れがある、
冷え性、髪の乾燥や抜け毛……。

加齢とともに、女性ホルモンの量も減少する。
思い当たるものばかりですね。

「女性ホルモン」は、ときめきを感じたり、
妄想するだけでも分泌が促されます。

「推し活」で女性ホルモンを増やす

独身ならば、婚活してもいい
韓流やアイドルドラマや漫画に入れあげてもいい
好きな俳優の舞台を観に行くのも刺激的
心の中で思うだけなら不倫ではありません
お荷物です
ハイハイ

好きな人を想うときに内側から湧きあがるエネルギーが美と若さの源なんです

ツヤツヤ
LOVE
好き

ラジオ体操を始める

ラジオ体操は、第一と第二を合わせても、
6分21秒。
テレビ体操は、たったの5分。

ラジオ体操は、およそ400種類の筋肉に
影響を与える運動が詰まっているそうです。

体のすみずみに刺激を与えることで、
人間が本来持っている体の機能を
回復させてくれます。
病気やケガの予防にもつながります。
放送時間に合わせると
規則正しい生活の第一歩にもなります。

放送は休止になることや時間が変更になることがあります。
NHKホームページの「放送予定」でご確認を。なお、動画サイトYouTubeでも、公開しています。

免疫力をアップさせる生活習慣

私の場合ですが、締め切りに追われ、睡眠時間を削り
インスタント食品ばかりの日が続くと
途端、風邪をひいたりするんです。
まさに、免疫力を落としている結果ですね。

私たちの体は、自身が持っている免疫によって
病原菌、汚染物質といった有害なものから守られています。

その大切な免疫力を高めるには、
「良い睡眠」「規則正しい生活」「適度な運動」
「バランスのいい食事」と言われています。
まさに、健康でいるための、基本です。

これらを意識した生活は、自律神経が整えられ、
免疫力アップにつながります。

自律神経を整えて免疫力も整える

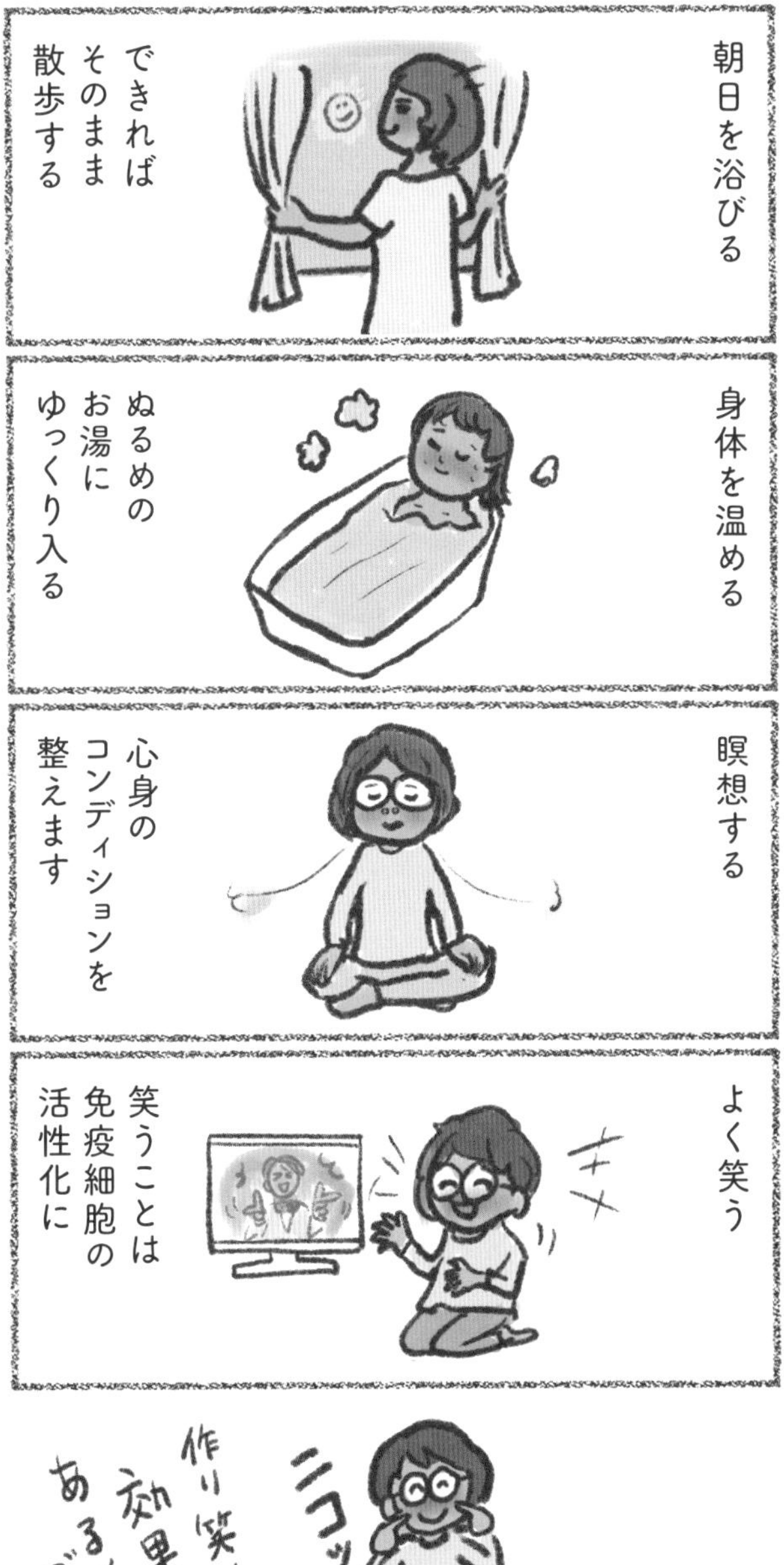
朝日を浴びる
できればそのまま散歩する
身体を温める
ぬるめのお湯にゆっくり入る
瞑想する
心身のコンディションを整えます
よく笑う
笑うことは免疫細胞の活性化に
ニコッ
作り笑いでも効果があるそうです

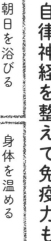

ダイエットは卒業する

私は20代の時の体重に比べると、
約40年間、10キロオーバーの状態です。
時々ダイエットしても、体重に大きな変化なし。
現在も、ＢＭＩでいう標準体重よりやや太めです。

最近の研究では、大人になってずっと標準体重を
維持した人より、標準体重から、体重が増えた人の方が
長生きすることが明らかになったそうです。
それって、なんか納得しませんか。
私の周りにも、ぽっちゃりした中年女性ほど
肌艶がよく、元気で活動的です。
極端に太っている場合を除いて、
私たちの年代はダイエットは必要ないのかも。
ただ、基礎代謝が低下すると、筋肉も落ちてしまうので
筋肉は増やしましょう。

なかなかやせない…
そもそもダイエットって必要？
BMI
食事制限しないとね

BMI／肥満度を表す指標として国際的に用いられている体格指数で、
BMI＝体重(kg)÷身長$(m)^2$で、求められます。

ダイエットより筋トレ
エスカレーターは使わず階段を使う
トイレに行ったついでにスクワット
1日5回のトイレで
テレビを見ながら太ももの筋トレ
起きるついでに腹筋
好きなものを食べて
動ける体をめざすぞ

週に一度は「玄米菜食」でデトックス

体にいいことやっている私ってエライ!
小豆玄米ご飯
青菜のおひたし
梅干し
ぬか漬け
味噌汁
野菜の煮もの
いわしの丸干し

5章

環境を変える

環境を変えましょう。

環境といっても
引っ越すわけではありません。
身の回りの「後回しにしてきたこと」を
ひとつずつ始めることです。

着ない洋服、
古い化粧品、
ガラクタだらけの引き出し。
片付けできないのは
時間がないせい？
捨てられないから？

一回20分と決め、
タイマーをかけてやりましょう。

時間も限定すれば苦になりません。
1日1個やれれば上出来です。
1個でもできたら
カレンダーに花丸をつけましょう。
花丸がカレンダーにいっぱいになったら、かなりスッキリ。
自分を褒めましょう。

始める時、イイワケくんが「めんどくさいなあ」と
呟いてもガン無視でいきましょう。

「よっしゃ、一丁、片付けるか！」

洋服の「捨て活」は引き出しひとつから始める

有名な片付けの方法は
家の中の洋服を全て出して
ときめいたものだけ残すという方法ですが……
これは、なかなかハードルが高い
取り出した洋服を、仕分け、再び片付けとなると
「イイワケくん」が出まくる案件です。

「場所限定」「時間限定」で始めましょう。
制限時間20分でできるのは
引き出し、一つか二つと、考えましょう。
取捨選択をしてる時は、集中して。
迷ったら、引き出しに戻してもかまいません。
潔く捨てられるモノ限定にしてもかまいません。

制限時間で邪念を払う

これ高かったんだよね
50000円
若い自分が着られたから元はとっている
痩せたら着るから
ダイエットまち
ホントに痩せたら新しいものを買いましょう
リメイクしたら素敵になりそう
リメイクで着たことある？
いいものだから友達にあげよう
プレゼント
友達も迷惑かも
イイワケくんには引っ込んでもらいましょう

その下着、他人に見られても大丈夫？

今、不測の事態が起きて、救急車で運ばれて、
お医者さんや、看護師さんの前で、
ボロボロの下着を見られたとしたら……
ちょっと格好悪いですよね。
人様に見せるアイテムじゃない分、
おざなりになっているのが下着です。
でも、肌ざわり、サイズ感、着心地など
「自分ファースト」からいえば重要アイテムです。
下着にも寿命があります。
ショーツは特に長い間穿き続けると、
バクテリアなどの菌が棲みつくといわれます。
まだ使えると思っていても、「機能性下着」としての
機能を失っているかもしれません。
年齢を重ねて体重や体型も変化したのを無視して
サイズが合っていないものがあるかもしれません。

パンツは
7枚は
ほしいから
3枚は
買い足さ
ないと
下着は全部
とりだしてから

自分の体に気持ちの良い下着に、替えよう

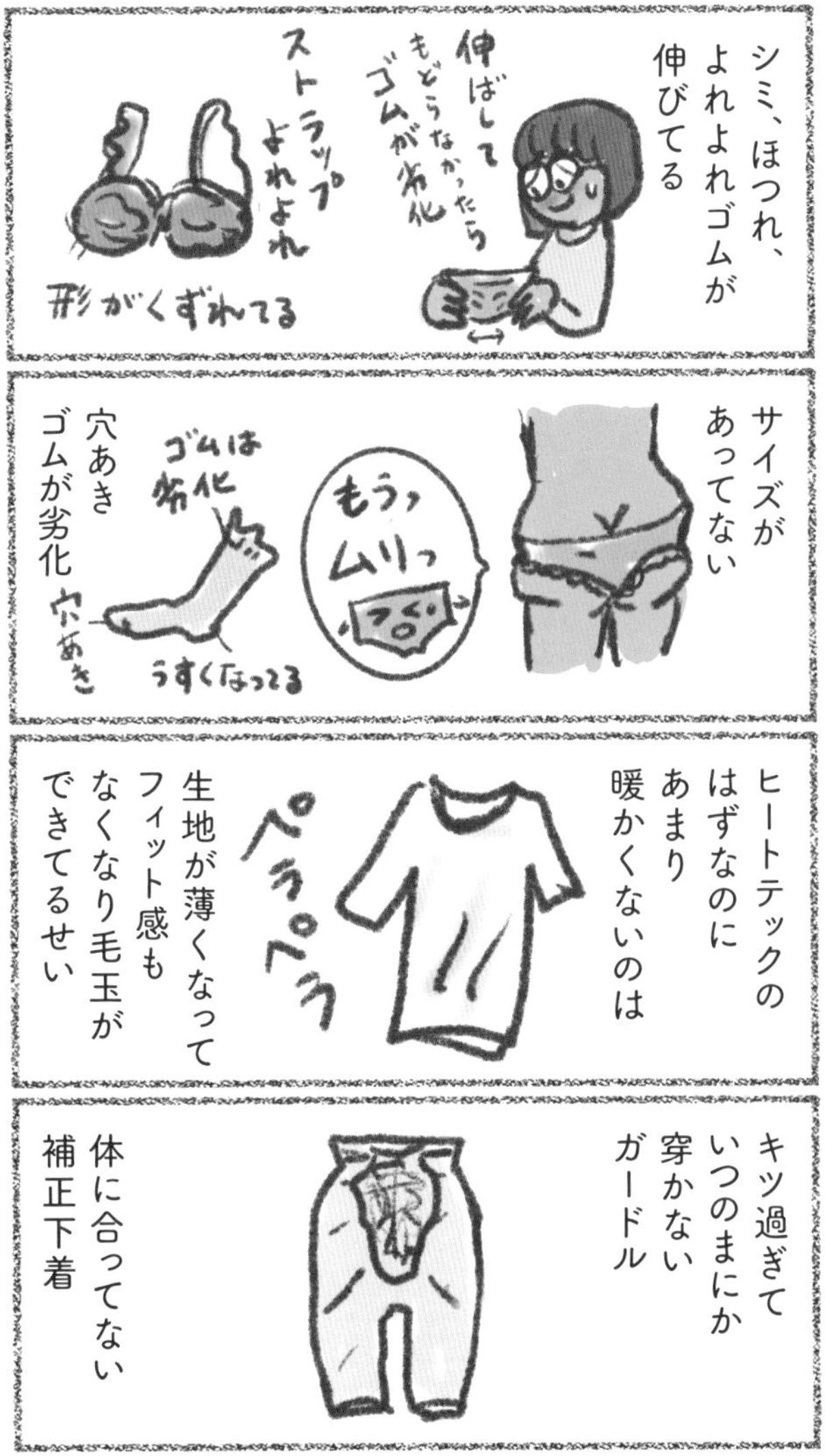
シミ、ほつれ、よれよれゴムが伸びてる
伸ばしてもどらなかったらゴムが劣化
ストラップよれよれ
形がくずれてる
サイズがあってない
もうっムリっ
ゴムは劣化
うすくなってる
穴あき
穴あきゴムが劣化
ヒートテックのはずなのにあまり暖かくないのは
ペラペラ
生地が薄くなってフィット感もなくなり毛玉ができてるせい
キツ過ぎていつのまにか穿かないガードル
体に合ってない補正下着

畳む収納やめました
探しているうちにグチャグチャになっちゃうんだもん

「クローゼット」は7割収納をめざす

クローゼットがパンパンで
必要なものが探せないって、あるあるですよね。

ここでは、洋服以外の小物を中心に片付けましょう。

バッグ、ベルト、帽子、マフラー、
ショール、手袋に限定するといいでしょう。

使わないのものには
使いづらかったり、重かったり、合わせにくかったり、
好きじゃなかったり……
やはり、理由があるんです。

これってかえってエコじゃないわ
発見！
大量のエコバッグ

今後、それって使う予定ありますか？

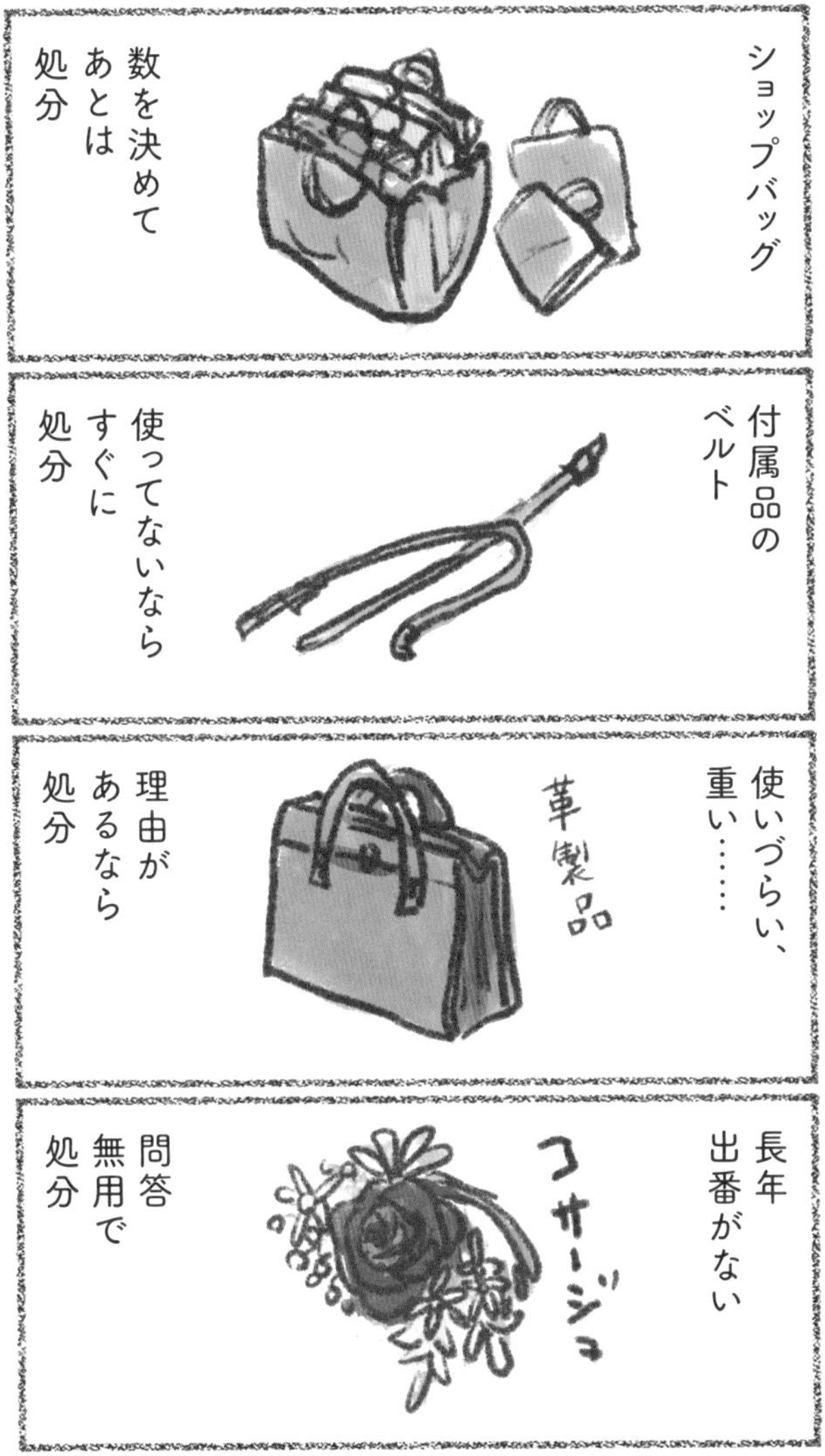
ショップバッグ
数を決めて
あとは
処分
付属品の
ベルト
使ってないなら
すぐに
処分
使いづらい、
重い……
革製品
理由が
あるなら
処分
長年
出番がない
コサージュ
問答
無用で
処分

かぶったこと
ない帽子
発見

「来客用布団」を手放す

来客用の布団は、お客さんが頻繁に来ないなら不要です。
必要な場合は、「レンタル布団」で対応しましょう。
スマホで「レンタル布団　○○市(区)」と検索すれば、
住んでいる場所の貸し布団店がヒットします。
シーツもカバーもそのまま返すのが一般的なので
面倒な洗濯もなく回収してもらえます。
きちんとした布団に寝なければならない
という発想を捨てると、
一晩くらいなら、ソファ、座布団、寝袋などで
充分対応できます。
その場合は、お客さんに布団を差し出して、
自分はソファに寝るのです。

借りるより買ったほうがお得
シーツやカバーもいるし収納スペースもいるよ

必要になってからでも間に合う

来客用の布団使ってますか？
20年間来客なし
押入れの場所ふさぎ
長年使っている普段使いの布団と取り替え
古い布団は捨てる
来客にはレンタルですます
レンタルふとん
大切なお客さまは
ホテル
ホテルに泊まってもらっても
ただし帰省する家族がいる場合は必要な布団を残しておく

自分で自分を褒めましょう

カレンダーに
花丸がひとつでもついたら
自分を褒めましょう。

「よくやった」
「やればできるじゃん」と。

わたし
ガンバッタ
エライ
エライ

冷蔵庫と食糧庫

キッチンは
賞味期限、消費期限が明確なものが多く、
片付けやすいところです。
食料品は、「なんとなくの買い置き品」と
「非常食としての、意志を持つ備蓄品」の
2種類があります。

地震などが起きると、物流が途絶え、
スーパーの棚が一瞬で空になる事態になります。
そんな時に慌てないためにも、非常食の代わりに
「賞味期限の長い商品」を備蓄して、使いながら備蓄する
「ローリングストック」として食糧を備蓄しましょう。
乾麺、調味料、缶詰などいつもの食品を確保し
その中で賞味期限の近いものから、
無駄なく使いましょう。食べたら、補充をお忘れなく。

特売で備蓄食料買えば
しっかり賞味期限を確認してね

定期的に開催「賞味期限切れ撲滅週間」

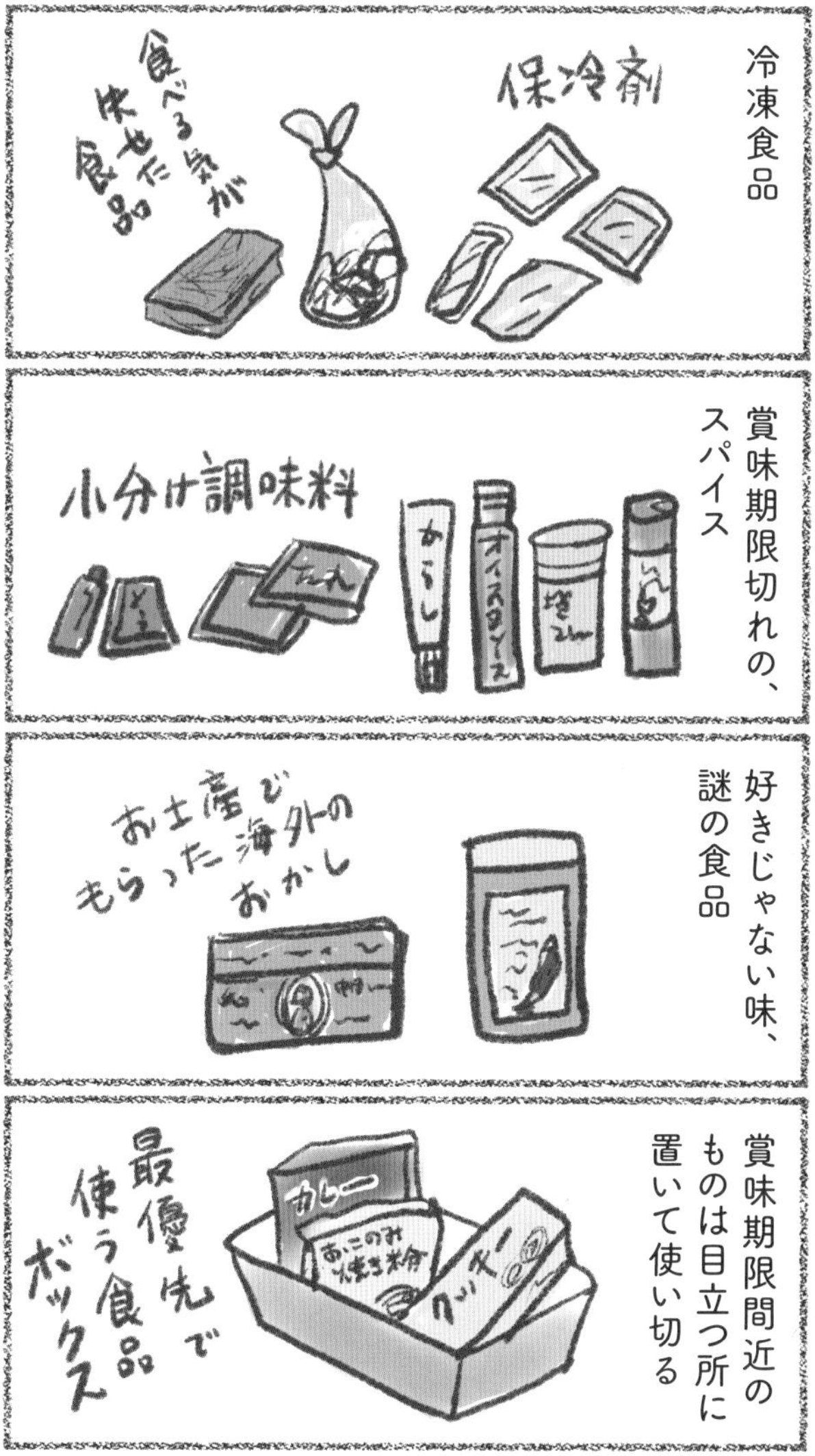
冷凍食品
保冷剤
食べる気が失せた食品
賞味期限切れの、スパイス
小分け調味料
からし
オイスターソース
好きじゃない味、謎の食品
お土産でもらった海外のおかし
賞味期限間近のものは目立つ所に置いて使い切る
最優先で使う食品ボックス
カレー
お好み焼き粉
クッキー

乾麺は備蓄の強い味方
スパゲッティ

「食器」あふれていませんか

食器がぎっしりの食器棚は使いづらいですよね。

・傷やカケがある食器
・使っていない食器
・好きではない食器
・使いにくい、洗いにくい食器……

問題のある食器は、処分の対象にしましょう。
来客用の食器ほど
使う回数が少ないのできれいな状態です。
好きなものであれば、普段使いにおろしましょう。

処分するとしても、家族の数に合わせて残しましょう。
もし、大人数で集まることがあるなら、
紙皿など使い捨て容器でも、対応できます。

食器のその後あれこれ

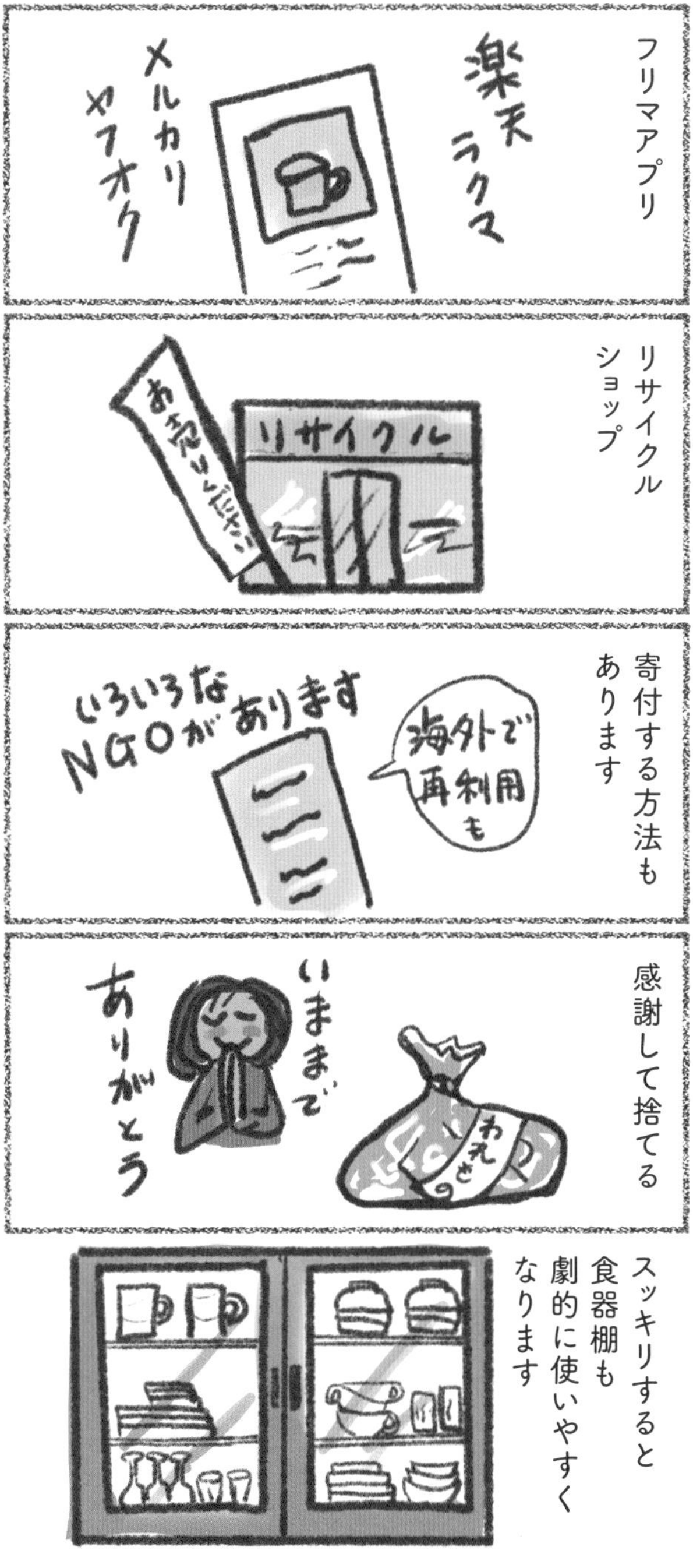
フリマアプリ
楽天ラクマ
メルカリ
ヤフオク
リサイクルショップ
リサイクル
お売りください
寄付する方法もあります
海外で再利用も
いろいろなNGOがあります
感謝して捨てる
いままでありがとう
われもの
スッキリすると食器棚も劇的に使いやすくなります

本棚も新陳代謝させる

最終的な本の量を決めましょう。
本棚から溢れていたり、家の中のあちこちに本が置いてありませんか？

まず、家にどのぐらいの本があるのか、現状をきちんと把握しましょう。

「本棚に入るだけ」
「自分の部屋以外には置かない」など具体的にどのぐらいまで本を減らすのかゴールを決めましょう。
そして
新しい本を置くスペースも忘れずに。

本は本棚に入るだけ
最終的な本の量を決める
この本棚だけ
必須本や大好きな本を選ぶ
残す
処分
処分する本は、リサイクルショップに売ったり
リサイクル
図書館の「リサイクルコーナー」に置く
リサイクル本
これでまた新しい本が買える

「固定電話」を手放す

「振り込め詐欺」などの特殊詐欺被害のほとんどは、
自宅の固定電話に直接出たことが、きっかけとなっています。

在宅中でも留守電の設定にしておくと、
ほとんどの場合、犯人は黙って電話を切ります。

詐欺の対象になる人は、

「判断能力が弱っている」

「頼れる知り合いが少ない」

「インターネットで情報を調べない」と思われています。

固定電話に、営業電話しかかかってこないと思ったら
「固定電話」自体を手放すことも考えましょう。
普段の連絡は携帯電話があれば、十分間に合います。

自分ひとりで判断しない

捜査二課〇〇ですあなたのキャッシュカードが不正利用……
どこの警察署ですか名前をもう一度言ってください……
あなたのカードが不正利用されていて……
家族に相談して折り返し電話します。電話番号をお願いします
時間がありませんのですぐに手続きを……
すぐ家族に相談しますので電話番号をお願いします
めんどくせっ
ガチャッ
家族に相談するって言っただけで電話切った
詐欺だったんだわ……

洗面所もスッキリさせましょう

化粧品の使用期限は未開封の状態で製造から約3年。
開封後、1年以上経過しているものは、
躊躇せず処分しましょう。
特に無添加のものには注意が必要です。

似合わない色でメイクすると、
時代遅れの顔になったりします。
若作りではなく、年齢相応のメイクをしたほうが、
逆に若々しく見えますよ。

私の場合は「日焼け止めクリーム」と
「保湿クリーム」があればなんとかなります。

旅行用にとっておけば
試供品
ホテルのアメニティ
いつのものかも
肌に合うかも
わからない
化粧品を
使うってこと？、

美を磨くところは「美しく衛生的な」場所に

肌に触れる
スポンジ
ポーチは
きれいですか
ポーチ
スポンジ

そのコスメは
新しいですか？

旅行用にと
思っても
要らなかったり
試供品
アメニティ

ヘタった
歯ブラシでは
ちゃんと
磨けません
タオルは
何年使ってる？

乾きにくい
バスタオルは
フェイスタオルに
替える

フェイスタオル
バスタオル

自分に合った化粧を研究する

明るいファンデーションの厚塗り、
口紅やチークは鮮やかな色に、
実はこれ、〝老け顔メイク〟の典型だそうです。

肌の色に合った下地とファンデーションを薄く塗り、
口紅やチークの色も、
地肌に近い落ち着いたピンクやベージュ系オレンジを。
大切なのは、肌の色より質感。

明るい場所で、女優気分で試してみましょう。

「玄関」を整える

朝出かける時、仕事で帰ってきた時、
玄関がぐちゃぐちゃだったら、どうでしょう。
お客さんや宅配の人、
デリバリーの人がやってくるのも、玄関から。
訪問者にとって、その家の第一印象を
決めてしまう場所が、玄関なのです。

ボロボロで使わなくなった靴や
壊れている傘などが、玄関にはたくさんあります。
不用品を捨ててスッキリさせましょう。
玄関は広さが限られているので、
最初に手をつけやすい場所です。

出しっぱなしだと
便利
なんだよね
玄関は
家の顔だよ

玄関はスッキリさせよう

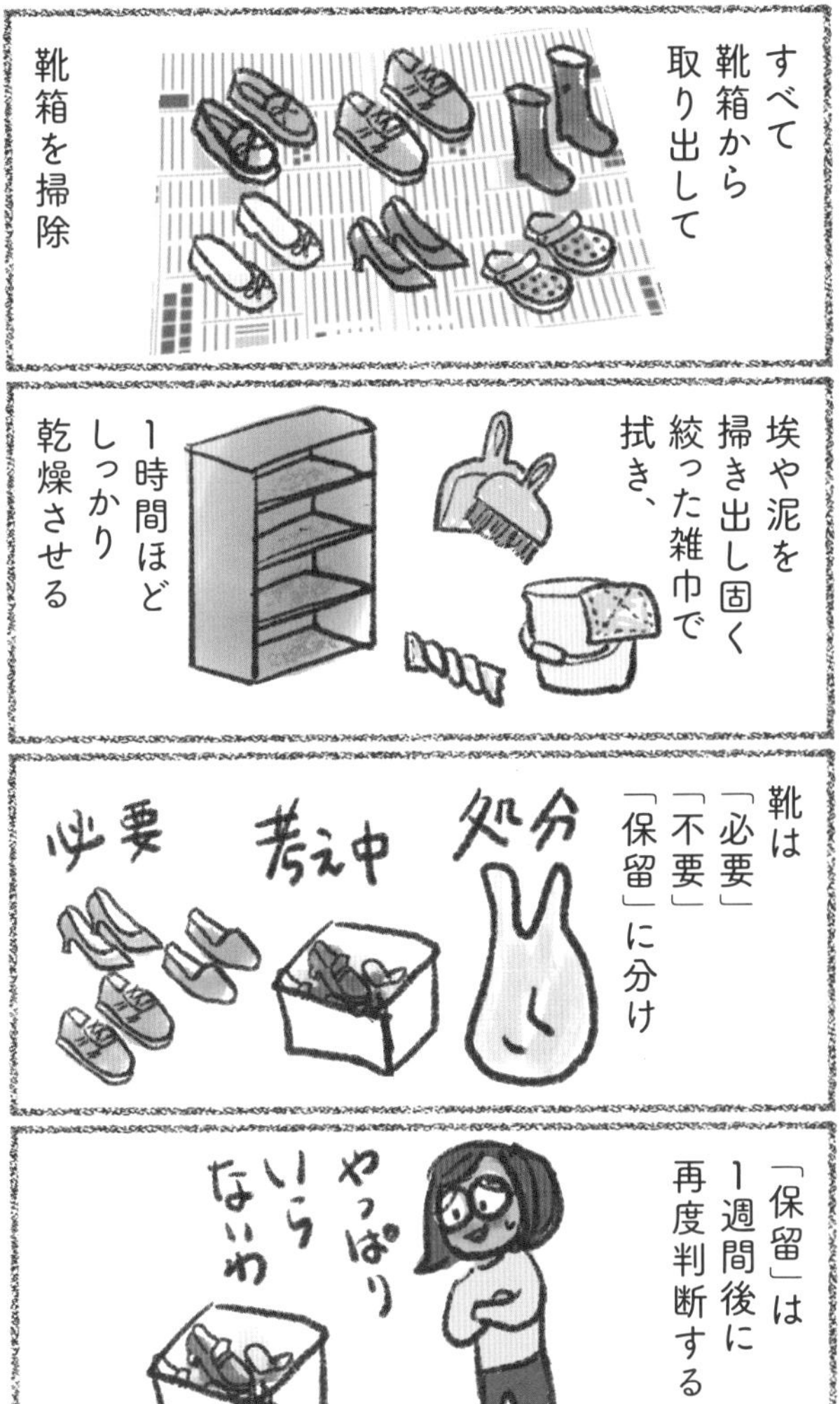
すべて靴箱から取り出して
靴箱を掃除
埃や泥を掃き出し固く絞った雑巾で拭き、
1時間ほどしっかり乾燥させる
靴は「必要」「不要」「保留」に分け
処分
考え中
必要
「保留」は1週間後に再度判断する
やっぱりいらないわ

転んだらケガするかも

花を飾ってみよう

雑草も
コップに生ければ
「野の花」に

6章

冒険しよう

冒険を始めましょう

時間とお金をやりくりして、
「自分の時間とお金」を作ったら、
冒険に出かけましょう！

冒険といっても、
どこかに探検に行くわけではありません。
ちょっとした非日常を味わうのです。
いつもと同じことの繰り返しでは
人生の時間がもったいないです。
それに、頭も老化するそうです。
遠くに行くだけが冒険ではありません。
ちょっと散歩道を変えてみるだけでも
小さな「非日常」が転がっています。

わざわざ
出かけるのって
ダルクない
旅って
ステキ
ワクワク

「初めて食べるもの」
「初めて見る景色」
「初めての体験」

誰にも気を遣わず、誰にも遠慮せず
純粋な楽しみを探しましょう。

自分を主役にした冒険物語

「自分ファースト」です。

ひとりで行動する挑戦を恐れてはいけません。

「よっしゃ、一丁出かけるか！」

「ひとりランチ」でプチ冒険

ひとりで行くわけですから、
誰にも遠慮なく、お店選びができます。

プチ冒険ですから、
話題のもの、家で作れないもの、
食べたことのないもの、
自分の好みとは真逆なもの
とにかく、今までにないランチに挑戦してください。

また、使ったことのない調味料で
珍しい料理を作るのもいいですね。

失敗してもいいんです。
リスクを恐れず、行動する小さな一歩です。

ランチで、初体験を探そう

ランチは
お手頃価格で
見本があるので
わかりやすい
ランチ

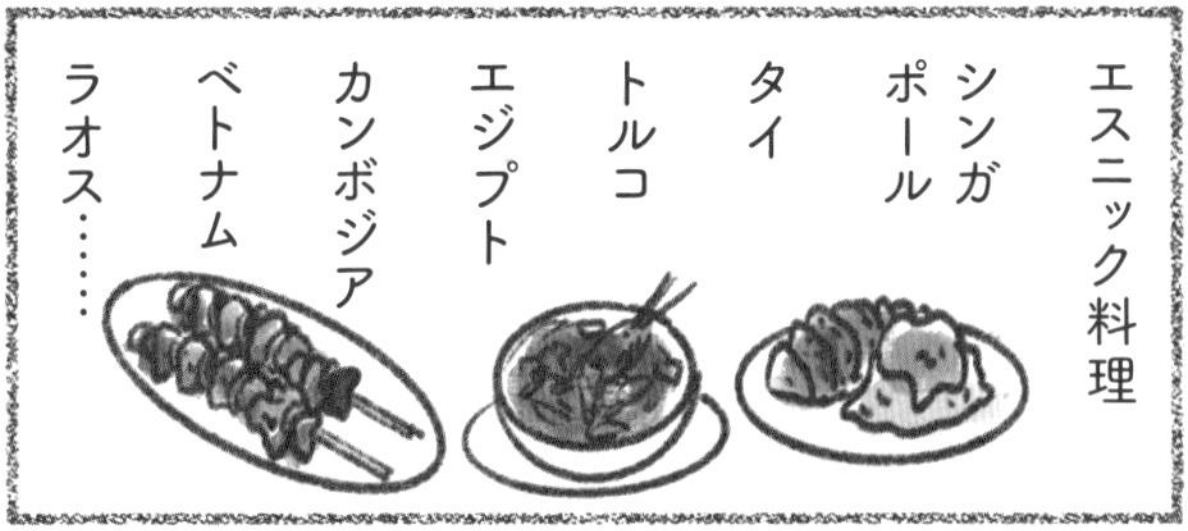
エスニック料理
シンガポール
タイ
トルコ
エジプト
カンボジア
ベトナム
ラオス……

入りにくい店も
BARみんみん
やってます
ランチ
昼間なら
安全

テレビで取材
された話題の店

おお
口の中が
スパイス
カーニバル
「孤独のグルメ」
ごっこ

「映画館」でひとり映画鑑賞

映画配信やレンタルが、ポピュラーになって
「映画館」に足を運ばなくなってきているのではないでしょうか。
私もそのひとりでした。
でも、最近久しぶりに映画館に行ったら、没入感半端なく、
思った以上に楽しめました。

数は少なくなりましたが、旧作2本立てや、
コアな映画を上映してる単館などもあります。
思い切り自分の趣味に寄せて
選んでみてはいかがでしょうか。
「映画館」も数々の割引制度を設けています。

気に入ったらパンフレットを買い、
ファストフード店で、コーヒーを飲みながら、
余韻に浸るなんて、いかがでしょう。

「映画鑑賞」は感情のデトックス

コメディは
血流を活発にし
免疫力が
向上
成功物語は
勇気をくれ
気もちは
ロッキー
推しの映画は
幸せホルモン
分泌で
肌ツヤツヤ
ハッピー
エンドで
きれいに
悲恋物語は
感情の
デトックス
思いきり
泣いても
いいですか
あ〜
すっきりした

「図書館」では普段は見ない棚を見てみる

私たちはついつい「わからないことがあれば、
ネットで調べればいい」となっていませんか。

もちろん基本的なことを知りたい場合は、
スマホですぐに情報が手に入ります。

もっと詳しく知りたいと思ったら、図書館であれば
膨大な蔵書の中からピンポイントで見つけることができます。

またネットだと自分が興味のあるものしか見ないですよね。
だけど、図書館の棚をぶらぶら見てると
思いもよらなかったものに
「なにこれ、おもしろそう」という発見があるんです。

しかも、無料です。

図書館で知的好奇心を呼び起こそう

「居酒屋」で1杯だけ飲んでみる

大根おろしがたっぷりのった熱々の「玉子焼き」を肴に、冷えた生ビールをグイッと飲む。
これって私の、憧れのシチュエーションです。

女性のひとり飲みはハードルが高いと思っている人も多いのではないでしょうか。私もそのひとり。

経験値からいっても、数えるほどですが、その時の感想は
「私も大人！（十分過ぎる年ですが）小説の主人公になった気分……
あのお兄さんたちは、同僚かな……」
おつまみ何品かと、ビールで、千円ちょっとで知らなかった世界を垣間見れる瞬間でした。

オヤジみたいじゃん
一回入ってみたいんだけど……
新体験するのってワクワク！
やきとり
酒

大人の異空間を体験してみよう

入店する時は
ひとこと添えて
ひとりですけど
いいですか？
立ち飲み
角打ち
初体験
ガード下
ガタン ガタン
マスターのいる
バーでカクテル
短編小説
一本
かけそう……
妄想に
浸っても
いい……
ブラピみたい

「知らない人」としゃべってみる

イベントや旅行に行ったら、知らない人に話しかけてみましょう。

コロナ禍もあり、大声でのおしゃべりは控えなくてはならないのでしょうが

……でも、それじゃつまらないですよね。

短くても良いのです。一言だけでもよいのです。

イベントであれば、趣味や思考の近い人かも、しれません。

旅であれば、地元の穴場が見つかるかもしれません。

話しかけると、みなさん気軽に、答えてくれます。

盛り上がることもあります。

そのためにも、話しかける人は、見極めてください。

話しかける私たちも、何かの勧誘と思われないように

気をつけましょう。

意外なことですが、セールスのプロが使う丁寧な挨拶である

「こんにちは」「おはようございます」

「お疲れ様です」などは

ほとんどの人が警戒してしまうんですよ。

自分からは声かけられないな〜
ちょっとの勇気で旅が楽しくなるよ

「あっ、すみません」で、簡単な質問から始める

あっ、すみません
横の席
空いてますか？
あっ、すみません
あの地名、なんて
読むんですか？
掃部山
医院
あっ、すみません
地元の方ですか？
美味しいお店
お教えてください
あっ、すみません
この辺では、何が
獲れるんですか？

困っている人には
「お手伝いしましょうか？」
の声かけを

MAP

英語ノート
三行日記
俳句入門
テニスを始めよう

三日坊主でもいいんです。
やらないよりは、100倍前向きです。

三日坊主の理由で一番多いのが
「モチベーションが上がらない」。
対策としては、
・友達を誘う。サークルに入ったり、他人を巻き込む
・目標を決め、アプリやカレンダーに書き込む
・とりあえず「ひと月」だけと決めてやる

でも、「楽しいこと、好きなこと」を
発見するための挑戦ですから、
三日続かなかったら、次に行きましょう。
気軽に気楽に、好きなことを見つけましょう。

「SNS」で発信してみる

スマホがあれば、撮影した写真やイラスト・エッセイなどの創作物を世界の人に向けて発信できるのがSNSです。

もちろん、自分が発信しなくても、他の人が発信したメッセージを見たり読んだりすることが可能なので、刺激をもらったりもできます。

とはいえ、SNSは使い方によってはトラブルを招く原因になることもあります。


SNSは、たとえ非公開の「自分の覚書」でも「仮名」や「あだ名」を使っての発信だとしても、自分自身の実名で発表したとしても誰かを誹謗中傷したり、真偽のわからない情報を流したりしてはいけません。

差し障りのない「内容」限定です。


SNS(Social Networking Service)

インスタを始めてから散歩が好きになりました

代表的なSNSは
X（ツイッター）
写真や文字のつぶやき
フェイスブック
基本本名で
発信
インスタグラム
Instagram
写真が
中心
ノート
note
文章、画像
音声、動画
有料に
することも
可能
オリジナルの
ラジオ
番組も
作れます
ポッドキャスト

「ひとり旅」に出よう

盛りだくさんなツアーもいいかもしれないけれど、
「ひとり旅」は、気を遣わず自分のペースで楽しめます。
昔は、時刻表片手にというスタイルでしたが
今は携帯のアプリを使って、電車の時間、地図、お食事処、
タクシーだったらおおまかな料金なども、検索できます。
豪華な旅館で、豪華な料理を堪能するのも良いけれど、
オススメは安価なビジネスホテルを利用した旅。
食事は、地元の食堂や居酒屋を利用すると、
ローカルな雰囲気の中、ご当地グルメをリーズナブルに堪能できます。
これだったら、食べきれる量だけ注文できますね。
観光目的は、ひとつだけ決めて、あとは「おまけ」と考えましょう。
ツアーであれば、30分滞在のところが
ひとり旅であれば、好きなだけ堪能できます。
観光はメインをゆったり味わうコースに。

旅のグルメはここで堪能

ランチは老舗の蕎麦屋
名物そば
¥2000

夕食は地元の食堂でご当地グルメ
牛たん定食
¥2500

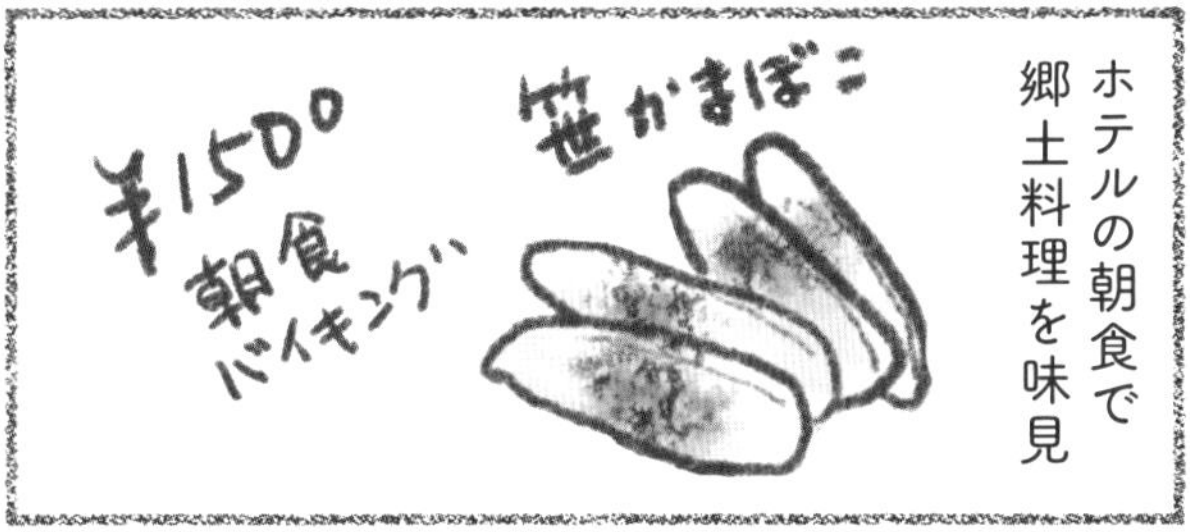
ホテルの朝食で郷土料理を味見
笹かまぼこ
¥1500
朝食バイキング

旅の最後は駅弁で
牛肉どまん中
¥1500
茶
牛肉どまん中

おやつにお土産入れても1万円でお釣りが来ます

¥400
ずんだアイス
¥1500
みやげ

「ひとり旅」あれこれ

ホテルと新幹線がセットになった
ツアーを利用。

ひとり旅なら、ホテルは予約せず
「直前割り」を利用する。
逆に「早割り」を利用するのも。

都市型ビジネスホテルにも
温泉付きのところも存在しています。
無料のアイスや夜食がついてくるのもあります。

ビジネスホテルでも
朝食バイキングが想像以上に充実。
必ず郷土料理があるので見逃さないで。

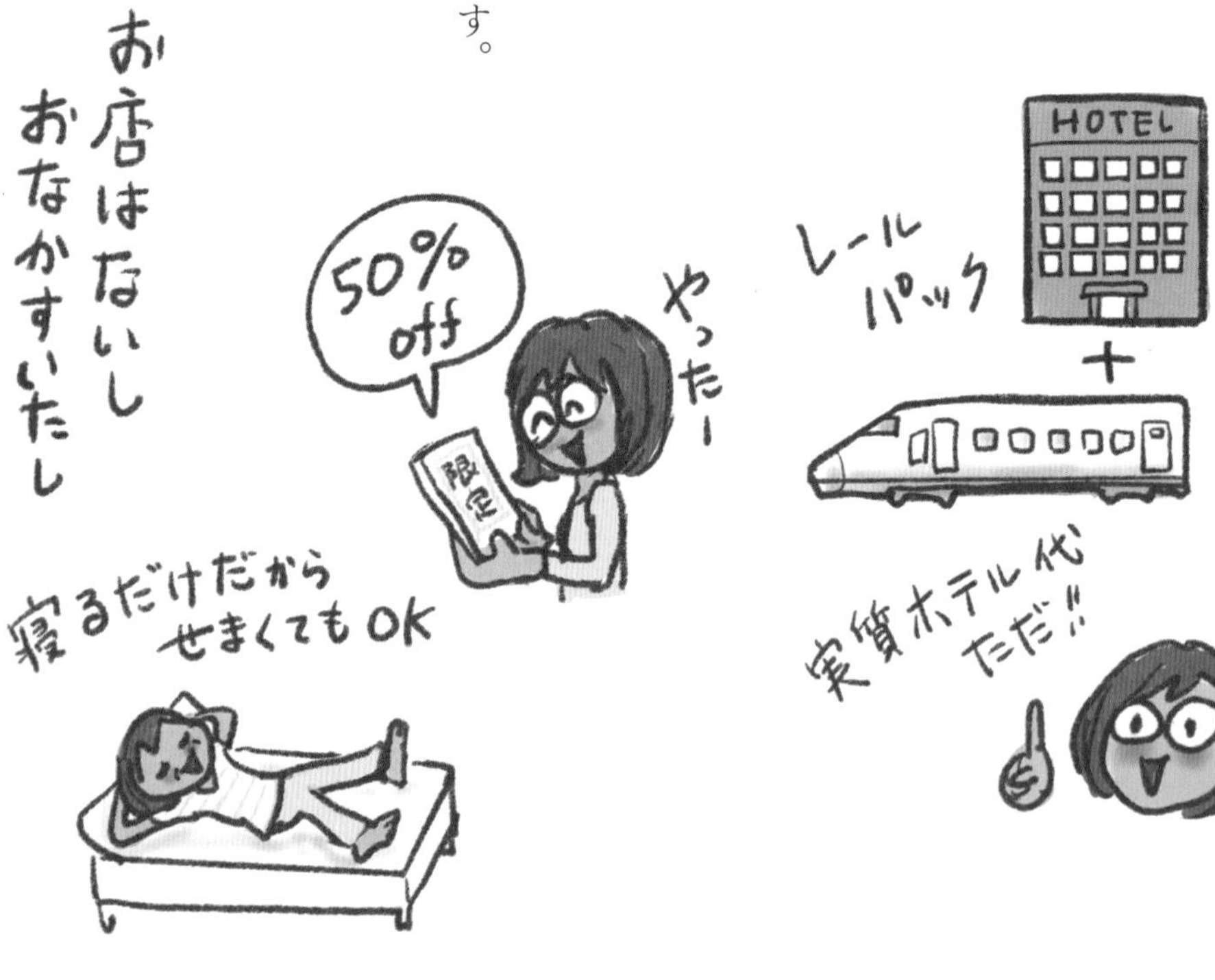
HOTEL
レールパック
＋
実質ホテル代ただ!!
やったー
50%off
限定
お店はないしおなかすいたし
寝るだけだからせまくてもOK

「田舎あるある」に備えよう

コンビニや食堂がないので、
おやつや飲み物は
早めにゲットしておく。

保温タイプの水筒があれば
好きな場所で、コーヒーブレイク。

ローカル線やバスは1時間に1本なんてザラ。
バス停の時刻表を写メしておくのを忘れないで。

圏外だってあるかも。
携帯の電池切れにも注意して。

寄り道、脇道探索も旅の醍醐味だけれど
危険な場所は、初めから近づかない。

友達に会いに行く旅

東北に住む88歳の友人を訪ねていった、私の話です。
彼女はスキー、登山、海外旅行、ダイビングなど多趣味で
人生を楽しむことを、私に教えてくれました。
東京から故郷に引っ越し、その後の東日本大震災、
コロナ禍などで、会うこともなくなりました。
今でも彼女は、週に3回、卓球で汗を流し、
通院介助の仕事もしてるスーパー高齢者です。
それでも、ふと、よぎった思いは、
人生にはいつか終わりがくる、という真実。
そこで「お互い生きているうちに」と出かけることに。
2人分の宿をとり、一緒に泊まってもらいました。
お酒を酌み交わし、深夜までのおしゃべり、
それはそれは楽しい時間で、誰かに会う旅っていうのも
いいものだなぁと思いました。
年賀状に社交辞令の「会いたいね」のお友達に
今度は、わざわざ新幹線に乗って会いに行くのもいいかもしれません。

会いたい人に会いに行こう

新幹線とローカル線を乗り継いで
はるばる〜
三陸で待ち合わせ
おひさ
近場の旅館で女子会
オンライン飲み
東京の仲間も交えてオンライン飲みも
再会を約束
イエイ
生きてるうちに楽しもう!
帰りは観光して帰宅
楽しかったなあ

勉強を始める

私は自慢じゃないけれど、向学心が旺盛です。
ただ決定的にダメなのは、続かないことなんですね。
洋裁、俳句、エアロビ、英会話、人形作り……。
特に、英会話については数々の挫折を経験しています。
公民館のサークルから、通信販売の英語教材……あれこれと。
実は今でも、スマホを使った英語のアプリで（課金型）で
英語の学習を続けています。
恥ずかしい話ですが、相変わらず、英語は使えません。
それでも、外国人に道を尋ねられた時、
英語を聞き取れたりすると、嬉しいものです。
私の友人は、海外ドラマから、中東の文化に興味を持ち、
放送大学に入学して、還暦過ぎにもかかわらず、
トルコへの一人旅に何度も出かけるほど、強者になっていました。
何かを学ぶということは、自分の世界を広げるんですね。
私も今年こそは英語をものにして、
憧れの英国の湖水地方に旅したいです。

いまさら勉強ってムダじゃん
学ぶ人はいつまでも若い!

学校を探してみる

ご近所で探してみる
これおもしろそ〜
口コミ
掲示板や看板
市民講座
サークル
市民講座
広報
サークル
自治体発行の広報誌をチェック
放送大学のオープンカレッジや
カルチャーセンター
NHKラジオの語学講座
〜
ケイタイが教室
動画サイトなど利用すれば無料で学べます
大人になってからの学びは楽しい
ムフフ
いつかイギリスに

趣味と実益を兼ねた学び

私の友人の話です。
友人は還暦過ぎた女性。
長年、デスクワークの仕事に就いていました。

退職をきっかけに、ハローワークで見つけた「造園」の職業訓練校に入学。

訓練校での生徒は、彼女のような女性のほか、退職したおじさんたちが中心。
学校では、担任の先生が一番若いという状態でした。
6ヵ月間、造園の技術を学び、造園技能の資格も取得。
卒業間近になると、就職先まで紹介されたとのこと。

もともと、趣味がガーデニングということもあり、植物に触れる仕事をやってみたかったそうです。
今は、大きな公園で週3日勤務をし、自分のペースで楽しく働いています。

「好きなことが仕事になる」って、やる気さえあればいくつになっても道はあるんですね。

「ボランティア」という選択

今までずっと家族のために生きてきた人、
仕事でも、ずっと責任をもって頑張ってきた人、いろいろです。
さて、いざ自分の時間ができたといっても、
趣味は、好きなことは、やりたいことは、生きがいは……？
なかなか見つからない場合もあるでしょう。

今まで自分の時間を、一生懸命
誰かに使っていたということは、
「人のために役に立ちたい」ということが、
モチベーションになっていたのでしょう。
これはこれで素晴らしいことです。
それなら「ボランティア活動」に
参加してみるのはどうでしょう。
合わないと思えばやめればいいし、
気に入ればずっと活動すればいいんです。

「ボランティア」は様々ある

観光地でボランティアガイド
ガイド
介護施設での軽作業
タオルをたたむ
支援学校の学習や見守り
子ども食堂
心優しい人と活動するのも楽しいです

ボランティアは社会福祉協議会に相談

ボランティアは社会福祉協議会に相談

社会福祉協議会（略して社協）とは、ボランティア、福祉施設・団体・グループなどの市民活動の支援を行っていて、福祉コミュニティづくりと地域福祉の推進を目的とする組織です。各都道府県ごとに存在します。

ちなみに、自然災害が起こって、地域が被災した時は、ボランティアの受付の窓口になります。

社会福祉協議会は
いろんな相談ができます
子どもが引きこもり
ご相談ください
介護の悩み
認知症の不安
社協
お金の心配

夢は
時代劇
デビュー

やってみたかったことに挑戦してみる

例えば、若い頃、女優さんに憧れていた人、
今はシニアモデル、エキストラ募集なんていうのが
あるんですよ。
ドラマ制作の裏側が見られて、本物の女優さんに会えるかも。
うまくいけば、小遣い稼ぎ、そのまま女優デビュー……
妄想は止まりません。
家族に反対されようが、友達に笑われようが
応募するだけならノーリスクです。
ただ、応募する事務所は、
安全なところかどうかを要確認です。

60歳以上だけが
入団できる
「シニア劇団」も
全国に
あります

私の脳みそには
限りがあるので
楽しいこと
ワクワクすることを
優先します

あとがき

今の私は、「イイワケくん」がお友達の日もあれば、「ヤルキちゃん」が背中を押してくれる日もあります。「超高齢化社会」「老後2000万問題」……年を取ること＝心配、嫌なこと!? 世の中、ネガティブキャンペーンが多すぎると思いませんか。

先日、本文に出てくる「スーパー高齢者の友人」に、会いに行きました。88歳、独身、団地の一人暮らし、年金とバイトで生計。これだけ書くと、寂しい老後みたい――いえいえそんなことはありません。彼女との会話は、昔話よりも、今の話が中心。料理の話、政治の話、仕事の話、大谷翔平の話（大リーグは私より詳しい）、卓球の話、車の運転の話、行ってみたい国の話など、多種多様に渡ります。だから、彼女の周りには、自然と人が集まります。彼女は、まさに自分自身を楽しむ「自分ファーストの達人」なのです。好奇心があれば、人は動きまわり、楽しみを見つけ、ボケずに、人生を謳歌できる良いお手本です。私も、人生の最後まで「好奇心」を失わず、「自分ファースト」に生きたいと、改めて感じました。

素敵なデザインをしてくださった櫻井さん。目配り気配りの編集担当、ぴあの山田さん。私の片腕、マネージャーの洋子さん。営業さんに宣伝さん、取次さんに、書店員さん、たくさんの人のおかげで、本ができました。読者の皆様、少しでも「ヤルキちゃん」が、皆様の背中を押したと思って頂けたら幸いです。

草野かおる

出版社勤務を経て、イラストレーターとして活動。2023年10月現在で65歳。PTAや自治会を通して16年に渡り防災勉強会や防災訓練などで防災活動に関わったことを活かし、東日本大震災の数日後、役に立つ防災メモを4コマにしてブログで発信を始める。その年の防災の日である9月1日、これが書籍『4コマですぐわかる みんなの防災ハンドブック』(ディスカバー21刊)になり、50代にして著者デビューとなる。その後、2018年には防災士の資格を取得し、100均グッズなどで備える、自宅避難に役立つ本『おうち避難のためのマンガ防災図鑑』(飛鳥新社刊)も発売。防災士として、防災についての講演をおこなうほか、テレビやラジオの出演も。また、防災のほかにも、2016年以降は、伊豆ふるさと村に暮らす、秋山龍三先生(故人)を取材しまとめた、食養生の本『「食事」を正せば、病気、不調知らずのからだになれる ふるさと村のからだを整える「食養術」』(ディスカバー21刊)や、激せまキッチンでも簡単に料理できるレシピ本『激せまキッチンで楽ウマごはん』(ぴあ刊)など、食に関する著書も刊行し、著作は共著も含め8冊にのぼる。2023年の今年は、60歳からの自分の生き方を振り返り、自分の経験や知識を、60歳を迎えた人、これから60代を迎える人に伝えたい!という強い思いでまとめ、本書を刊行することとなる。
X(Twitter):@kaorutofu　Instagram:@kusanokaoru
問い合わせ先:オフィスカンノン　info@kannon.info

60歳からは「自分ファースト」で生きる。

2023年10月10日 第1刷発行
2024年 4月10日 第2刷発行

著者　草野かおる
発行人　木本敬巳
編集　山田真優
編集協力　山田洋子(オフィスカンノン)
ブックデザイン　櫻井 浩(⑥Design)
校正　竹田賢一(DarkDesign Institute)
発行・発売　ぴあ株式会社
〒150-0011
東京都渋谷区東1-2-20
渋谷ファーストタワー
03-5774-5262(編集)
03-5774-5248(販売)
印刷・製本　三永印刷株式会社

　ISBN 978-4-8356-4684-8